1 E

Anton Rotzetter

Von Demut, Frieden und anderen Torheiten

Anton Rotzetter

Von Demut, Frieden und anderen Torheiten

Franziskanische Texte gedeutet für die Menschen unserer Zeit

Paulusverlag Freiburg Schweiz

CIP-Titelaufnahme der Deutschen Bibliothek

Rotzetter, Anton:
Von Demut, Frieden und anderen Torheiten : franziskanische Texte gedeutet für die Menschen unserer Zeit / Anton Rotzetter. – Freiburg (Schweiz) : Paulusverl., 1990
ISBN 3-7228-0243-1

Umschlaggestaltung: H+C Waldvogel
ISBN 3-7228-0243-1

Inhalt

Vorwort

Für dieses Buch hatte ich ursprünglich einen weniger auffälligen Titel vorgeschlagen: Wort und Deutung.

Auf der einen Seite steht das *Wort,* ein ganz bestimmter Text entweder von Franz von Assisi selbst oder dann über ihn. Dieses Wort steht, bleibt für alle Zeiten: „Scripta manent", haben schon die alten Römer gesagt. Aber bleibt auch der Sinn immer der gleiche?

Das ist eben die Frage. Darum fordert ein Wort immer auch eine *Deutung.* Denn die Zeiten verändern sich und mit ihnen auch die Menschen, meinten die gleichen Römer. So wird das Wort, ein Text zu einer ständigen Aufgabe. Man muß ihn knacken wie eine Nuß, aufschließen wie eine Tür, verstehbar machen für andere Zeiten, die Zumutungen verdeutlichen, die er enthält.

Dies will ich in diesem Buch tun. Es handelt sich um *eine Anzahl isoliert entstandener Textinterpretationen, die ich hier in einem Buch zusammenbinde.* Mit anderen Worten: Die verschiedenen Beiträge sind stilistisch nicht einheitlich: die einen kommen mehr von einem wissenschaftlichen Hintergrund her und wollen auch vor einem wissenschaftlichen Publikum bestehen können (darum bitte ich den Leser um Entschuldigung, wenn ich da und dort beweise, argumentiere, vielleicht sogar kleinlich bin), andere sind mehr für eine breite Leserschaft gedacht (und da bitte ich die Wissenschaftler um Entschuldigung, wenn ich zu sehr betone und angesichts dringlicher Fragen leidenschaftlich werde); die einen gleichen einem bedächtigen Wanderer, andere mehr Hammerschlägen. Alles ist mehr oder weniger zufällig, da und dort sind verständlicherweise Wiederholungen festzustellen. Diese Vielfalt wird den nicht stören, der dem Leben nahe ist.

Wenn ich mich nicht täusche, hat Karl Rahner einmal gesagt, daß diese *essayhafte und wenig systematische Art* der Deutung ein Kennzeichen unserer Zeit ist. Dies hat er aber nicht in einem negativen Sinn gemeint, sondern durchaus positiv. Wir zeigen darin den Zeugnischarakter angesichts der vielen Probleme eher als durch großartige systematische Entwürfe, die abstrakt und zeitabgehoben daherkommen.

Bleibt noch der Titel: „Von Demut, Frieden und anderen Torheiten". Franziskanische Theologie folgt einer eigenen Logik. Im Mittelalter hat man Franziskus „pazzo" genannt: Narr, Spinner. Denn was er gelebt hat, war so radikal, das erschien so unvernünftig, so ganz anders – daß man meinte, Franziskus gehöre ins Irrenhaus. Aber vielleicht ist diese Unvernunft das einzig Vernünftige, das einzig Rettende.

Altdorf, Mitte Oktober 1990 — Anton Rotzetter

I

Fioretti 10

Einst weilte der heilige Franziskus in dem Kloster der Portiunkula mit Bruder Masseo von Marignano, einem Mann von großer Heiligkeit, Bescheidenheit und Begnadung in seinen Reden von Gott, weswegen ihn St. Franziskus sehr liebte.

Eines Tages kam der heilige Franziskus aus dem Walde vom Beten heim. Und gerade trat er in die Lichtung heraus, als Bruder Masseo, der seine Demut auf die Probe stellen wollte, ihm entgegentrat und wie im Vorwurf zu ihm sagte: „Warum dir? Warum dir? Warum dir?“ Der heilige Franziskus antwortete: „Was willst du damit sagen?“ Sprach Bruder Masseo: „Ich frage, warum gerade dir alle Welt nachläuft und jedermann scheinbar nur dich zu sehen, dich zu hören, dir zu gehorchen wünscht? Du bist nicht schön, du bist nicht gelehrt, du bist nicht edel; warum also läuft gerade dir alle Welt nach?“

Wie das der heilige Franziskus hörte, wurde er ganz und gar froh in seinem Innern, hob sein Angesicht gen Himmel und stand so eine lange Zeit im Geiste zu Gott entrückt. Als er wieder zu sich gekommen war, kniete er nieder und spendete Gott Lob und Dank; dann wandte er sich glühenden Geistes zu Bruder Masseo und sprach: „Willst du wissen, warum mir? Willst du wissen, warum mir alle Welt nachläuft? Willst du wissen, warum mir? Das ist mir durch die Augen des höchsten Gottes geworden, die allerorten herabsehen auf Gute und Böse.

Da nun diese heiligen Augen unter den Sündern keinen erblickt haben, der geringer als ich, untauglicher und sündhafter als ich gewesen wäre, und er auf der ganzen Erde keine geringere Kreatur finden konnte, um jenes wunderbare Werk zu vollenden, das er zu tun gedenkt, so hat er mich erwählt, die Welt in all ihrem Adel und Stolz, in ihrer Kraft, ihrer Schönheit und ihrer Weisheit zu beschämen; auf daß man erkenne, daß alle Macht und alles Gute von ihm ist und nichts von der Kreatur und niemand sich rühmen kann vor seinem Angesicht. Wer sich aber rühmt, der rühme sich in dem Herrn, dem da ist alle Ehre und Herrlichkeit in Ewigkeit.“ Über diese Antwort, mit so viel Demut und Inbrunst erteilt, erschrak Bruder Masseo; und es wurde ihm zur Gewißheit, daß die Demut des heiligen Franziskus nicht zu erschüttern sei.

Textsammlung von Perugia 10

Einmal predigte der heilige Franz dem Volk von Terni. Es war auf dem Platz vor der bischöflichen Kurie, und auch der Bischof dieser Stadt, ein kritischer und geistlicher Mann, war bei dieser Predigt zugegen. Als die Predigt zu Ende war, stand der Bischof auf und verkündete seinerseits das Wort Gottes. Unter anderem sagte er: „Seit dem Augenblick, an dem Gott die Kirche einpflanzte und auferbaute, hat er sie immer wieder durch heilige Männer ausgezeichnet, die sie in Wort und Beispiel veredelten. Jetzt aber, in dieser allerletzten Stunde, zeichnete er sie aus durch diesen armseligen und verachteten und ungebildeten Mann. [Und vor dem ganzen Volk zeigte er mit dem Finger auf Franziskus.] Darum müssen wir den Herrn lieben und ehren. Denn so ist Gott mit anderen Völkern nicht verfahren (Ps 147,20)."

Nach der Predigt stieg der Bischof von der Kanzel herunter und ging mit dem seligen Franz in die Bischofskirche. Dort verneigte sich der heilige Franz vor dem Herrn Bischof, warf sich vor seine Füße und sagte: „Wirklich, Herr Bischof, bisher hat mir noch kein Mensch in dieser Welt solche Ehre erwiesen wie heute Du. Andere Menschen sagen immer nur: Ist das ein heiliger Mann! und geben so die Ehre und die Heiligkeit dem Geschöpf statt dem Schöpfer. Du aber scheidest das Kostbare vom Billigen, wie es einem kritischen Mann zusteht."

Es kam oft vor, daß der selige Franziskus geehrt wurde und daß man sagte, er sei ein heiliger Mann. Auf solche Reden pflegte er zu sagen: „Ich stehe nicht so fest, daß ich nicht noch Söhne und Töchter haben könnte." Oder er sagte: „Wenn Gott mir eines Tages seinen Schatz wegnehmen wollte, den er mir anvertraut hat, was anderes würde mir bleiben als nur Leib und Seele, was ja schließlich auch Ungläubige haben. Ja, ich muß sogar glauben, daß, falls Gott einem Verbrecher oder Ungläubigen so viel Gutes gegeben hätte wie mir, sie mit viel größerem Glauben und größerer Treue vor Gott lebten als ich." Oder er sagte: „Auf einem Bild, auf dem der Herr oder die selige Jungfrau dargestellt ist, wird Gott und die selige Jungfrau ins Gedächtnis gerufen. Das Holz und die Farbe darf sich nichts zuschreiben, als daß es bemalenes Holz ist. So ist es mit dem Knecht Gottes: Er ist eine Art Gemälde, eine Schöpfung Gottes, in der Gott als großer Künstler verehrt wird. Sich selbst darf er nichts zuschreiben, wie das Holz und das Gemälde sich nichts zuschreiben dürfen. Ehre und Herrlichkeit sind dem alleinigen Gott zu geben, sich selbst aber Schande und Verwirrung, denn solange der Mensch lebt, ist sein Fleisch den Gaben Gottes entgegen."

Wo Wahrheit und Demut eins sind – oder: Die Faszination der Gnade

Mit dem Wort „Demut" haben viele Menschen Mühe. Es gehört eben auch zu den vielen mißbrauchten Worten. Den Menschen, die erniedrigt sind, Demut zu predigen ist ein Hohn auf deren Würde. Was sie brauchen können, ist die Erfahrung von Selbstbewußtsein, Stolz und Würde. Dagegen müssen Menschen, die oben sind und über anderen stehen, als Amtsträger zum Beispiel, diese göttliche Haltung annehmen, die in Jesus von Nazaret aufleuchtet: sich niederbeugen zum Kleinen und Unscheinbaren, sich auf der Ebene der Schwachen ansiedeln und in konsequenter Solidarität mit den Armen, Schwachen, Leidenden und Opfern leben. Auf die Kleider, die man sich überzieht, ob das ein Amt ist, ein Doktortitel, ein bekannter Name usw., kommt es eigentlich überhaupt nicht an, sondern auf das, was wir vor den Augen Gottes in Wirklichkeit sind. Und da wird das Wort „Demut" mit „Wahrheit" identisch. Dazu gibt es diese köstliche Geschichte in den Fioretti.

Zwei Geschichten

Erst jetzt, wo ich dem Leser eine Brücke zu ihr schlagen soll, geht mir auf, daß sie mir von anderswoher schon bekannt ist. Der Legende zugrunde liegt offenbar eine geschichtliche Anekdote, die sich in Terni zugetragen hat und in der Textsammlung von Perugia (und auch von 2 Cel 141) erzählt wird (interessanterweise auch unter der Nummer 10). Sie unterscheidet sich zwar in vielerlei Hinsicht, aber das Thema ist dasselbe, bis in Formulierungen hinein: Die Demut des heiligen Franz. Im Vergleich miteinander können beide Geschichten besser verstanden werden.

So unterschiedlich die Hauptpersonen sind, die in den beiden Geschichten dem heiligen Franz gegenüberstehen, sie haben die fast genau gleichen Eigenschaften. Es wird von ihnen gesagt, sie seien „*kritisch*", Menschen mit einem ausgeprägten Vermögen, zu unterscheiden zwischen Gott und Welt, zwischen gut und bös, zwischen kostbar und billig, zwischen wahr und falsch.

Leider hat der Übersetzer der Fioretti nicht erkannt, was sich hinter dem Wort „discretio" bzw. „discretus" versteckt, wenn er mit „Bescheidenheit" übersetzt. Es handelt sich vielmehr um jene Unterscheidungsgabe, die schon der hl. Paulus als Gabe des Heiligen Geistes preist (1 Kor 12, 10). In der christlichen Tradition wurde sie dann für eine der wichtigsten Tugenden gehalten und für die Seelenführung als absolut notwendig vorausgesetzt. Erst unseren Tagen bleibt es neurotischen Christen vorbehalten, daraus eine Untugend zu machen und an die Stelle des Denkvermögens mit Nachdruck das Nichtdenken zu setzen. Franz von Assisi weiß noch um die hohe Würde des kritischen Unterscheidungsvermögens, wie sich im Laufe der Geschichte zeigen wird – gerade auch dann, wenn es sich um „heilige" Personen handelt.

Als zweite Eigenschaft wird dann gesagt, der Bischof sei ein wirklich „*geistlicher*" Mann und Bruder Masseo ein „Mann von *großer Heiligkeit*". Im Grunde meinen beide Ausdrücke dasselbe. Denn der Heilige Geist ist es letztlich, der die Heiligkeit ausmacht. Nur sollten wir unter Heiligkeit etwas anderes verstehen als bürgerliche „Untadeligkeit". Heiligkeit ist die Gegenwart des Heiligen (Geistes) im Leben eines Menschen.

Drittens wird beiden eine charismatische Fähigkeit, *von Gott zu reden und ihn zu bezeugen*, zugesprochen. Vermissen wir nicht heute charismatische Rede von Gott (= Theo-Logie) bei Bischöfen ebenso wie bei einfachen Menschen? Hier ist sie für beide Gruppen hervorgehoben! Ohne diese beiden Persönlichkeiten gäbe es weder die eine noch die andere Geschichte.

Der Sitz im Leben

Die eine Geschichte spielt sich in Terni ab, vor dem Bischofspalais der Stadt, *in aller Öffentlichkeit* vor versammelter Menge: Eben hatte Franziskus gepredigt und mit seiner Art Tausende in Bann gezogen. Nicht etwa durch wohlgesetzte Sätze – er machte viele Fehler –, aber mit dem Feuer, das begeistert, und mit einer Gestik und Mimik, die dem Tanz nahestehen. Die Faszination war sozusagen unwiderstehlich. Auch der Bischof mußte sich davor beugen und versucht nun, das Ganze in die Kirchengeschichte einzuordnen.

Die andere Geschichte spielt sich an einem Waldrand ab, unten in der Nähe von Porziuncola, *in der Intimität der Freundschaft:* eben hatte Franziskus im Wald die Stille genossen und das Geheimnis Gottes erahnt. Seine Augen sind noch voll vom Feuer, das in der liebenden Hinwendung zu Gott entfacht wurde. Bruder Masseo glaubt, daß jetzt die Stunde gekommen ist, um seinen Freund und geistliches Vorbild auf die Probe zu stellen. Darf man das? Auf jeden Fall ist es ein gutes Zeichen für die offene, angstfreie Beziehung der beiden, daß er sich das überhaupt getraut.

Der Zwiespalt

In beiden Geschichten geht es um den gleichen Zwiespalt. Der Bischof weiß um die geschichtliche Dimension und um die historische Stunde. *Franz von Assisi sei der Höhepunkt der Kirchengeschichte, seine Predigt in Terni unerreichter Gipfel göttlicher Zuwendung und Gnade.* Der Bischof umhüllt die Worte des Heiligen mit seiner Autorität. Denn die Worte, die er in seiner Wertung der Stunde gebraucht, erinnern stark an die Modellpredigt, die Franziskus in seiner Regel aufgeschrieben hat. So wird auch der Bischof zum gelehrigen Schüler und zum Echo des heiligen Franz.

Ähnlich wie der Bischof ist Bruder Masseo bewegt von den Wirkungen, die von Franziskus ausgehen. Während jedoch der Bischof die *kirchliche Bedeutung* des Heiligen hervorhebt, geht Masseo weit darüber hinaus: Er sieht Franziskus in *säkularen Zusammenhängen:* Die ganze Welt läuft ihm nach, und jeder Mensch will ihn sehen, hören, ja ihm nachfolgen. Man muß sich nur einmal die Zahlen vorstellen, die entstehen, wenn wir ein sogenanntes „exponentiales Wachstum" der franziskanischen Bewegung für die ersten Jahrzehnte annehmen: Wenn 1210 zwölf Brüder die päpstliche Anerkennung finden, dann wären es zehn Jahre später, wo die Geschichte sich hätte zutragen können, bereits über 12000 Brüder und Schwestern. Selbst wenn diese Zahl etwas kleiner sein sollte, genügt es, um sich zu fragen, wie diese Faszination zu begründen ist.

Die Faszination ist um so erstaunlicher, und darin liegt der Zwiespalt, als Franziskus an sich überhaupt nicht die Statur hat, eine solche Faszination auszuüben. Der Bischof unterstreicht seine nicht gerade positive Beschreibung des Heiligen mit einer ziemlich verächtlich erscheinenden Geste des Fingers: Dieser Franziskus ist an sich eine *armselige Figur* („pauperculus"): geflickte, dreckige Kleider, vielleicht kränklich, auf jeden Fall ist nichts an seiner Gestalt, was ihn anziehend macht. Ich denke, daß Bruder Masseos „Du bist nicht *schön*" nicht viel anderes meint.

Wir wissen übrigens aus einem literarischen Porträt (1 Cel 83), daß Franziskus nicht gerade dem ästhetischen Empfinden entsprochen hat: von Ebenmaß keine Spur: kurze Arme, lange Finger, vorstehende Nägel, dünne Beine, sehr kleine Füße, sehr mager, längliches Gesicht, aber runder, kleiner Kopf, spitze kleine Ohren. Und wenn wir des Franziskus ureigene Aussage von „fortezza" hinzunehmen, dann sind Stärke und männliche Kraft auch nicht sein Eigentum.

Hinzu kommt aber nach den Worten des Bischofs eine *soziale Bedingung:* „despectus", d. h. Franziskus gehört von der sozialen Einschätzung her zu den *Verachteten,* zu den

Bettlern und Armen, zu denen, die nicht in der Mitte stehen, sondern am Rand. Bei Bruder Masseo entspricht dem die Tatsache, daß Franziskus nicht einem Adelsgeschlecht entstammt. Offenbar ist die Zeit immer noch nicht vorbei, in der man den Wert eines Menschen nach Adel und klingendem Namen einschätzt. Schließlich erwähnen beide, der Bischof und Bruder Masseo, die *Ungebildetheit* des Heiligen. Er kann nicht gescheit reden, hat nicht eigentlich die Schule besucht, kann knapp lesen und schreiben, aber zu einer fehlerfreien Satzkonstruktion und zum fehlerlosen Schreiben hat es ihm nie gereicht. Er hat sich auch geweigert, die Privilegien der Gebildeten zu erringen. Was ihm wichtig war, war die konsequente Solidarität mit den Armen. Dafür war er gebaut, dazu war er bestimmt.

Was nun aber zu beachten ist, ist die Kluft: einerseits die unvorstellbare Faszination, der unsägliche Erfolg – andererseits die Tatsache, daß nichts in Franziskus ist, was diese Faszination erklärt: weder Schönheit noch soziale Herkunft noch ausgeprägte Intellektualität. Und der Bischof und der Bruder wissen das.

Die Wahrheit

Und sie sprechen es aus! Was Franziskus zu mystischer Glut und zu einem Freudentaumel forttreibt. In den Fioretti reißt ihn die geistliche Freude vor die Gegenwart Gottes: Sein Antlitz wendet sich dem Himmel zu, lange Zeit verweilt er in dieser Erhebung zu Gott, und dann wirft er sich auf die Knie, um Gott zu danken. In der Textsammlung dagegen neigt sich der Heilige vor dem Bischof, ja er wirft sich ihm zu Füßen – in beiden Fällen sind es Haltungen aus dem Bereich der Religion, es geht um Rückbindung an das Geheimnis Gottes.

Und nun bricht es in beiden Geschichten aus Franziskus hervor: Das ist die Wahrheit! Das ist kritisches Denken! Wenn die Menschen sagen, er sei ein Heiliger, dann ist das die Unwahrheit. Die Wahrheit ist immer eine Beziehung: Im

Verhältnis zu Gott ist der Mensch ein Heiliger, nicht für sich allein genommen. Das vergessen Menschen oft.

Hier gilt es einzuhalten und genau hinzuschauen. Denn diese Haltung sieht zum Verwechseln ähnlich dem Nichtannehmenkönnen von Anerkennung und Lob. So oft erlebt man es, daß ein guter Gärtner, ein guter Koch, wenn man ihn lobt, verlegen wird und ablehnt. Nicht so hier: Franziskus sieht, daß von ihm Großes ausgeht, daß in ihm etwas ist, was die Menschen fasziniert und bannt. Aber er weiß, daß alles Gnade ist, Geschenk. Der Bischof und Franziskus unterscheiden: Gott und das Geschöpf, das Kostbare und das Billige, die Guten und die Schuldigen, den Künstler und sein Material. Mit anderen Worten: Demut und Wahrheit ereignen sich dann, wenn einer das Großartige und das Gute in sich annimmt, aber Gott zuschreibt und sich selbst in die Größe und Weite Gottes miteinbezogen sieht. Darum muß man beides tun: sich erheben und niederknien, das Antlitz zum Himmel strecken und den Kopf neigen, stille werden und Gott loben.

Die Kehrseite dieser gleichen Münze ist das Gefühl, das mit allem, was ist, verbindet, selbst mit den Schuldigen, den Kriminellen, den Sündern, den Ungläubigen. An sich sind wir alle auf der gleichen kreatürlichen Ebene. Ich kann jederzeit schuldig, kriminell, sündig, ungläubig werden – wenn Gott mich nicht führte und hielte. Wir müssen uns also der Verwandtschaft mit allen Geschöpfen bewußt werden, der Kreatürlichkeit, die aller Welt gemeinsam ist. Aber gleichzeitig ist ein großer Schatz in uns hineingelegt.

Beides müssen wir sehen: die kreatürliche Bedingung unseres Lebens – und die göttliche Gegenwart, die uns erhebt und groß macht. Wo nur eines gesehen wird, ist weder Demut noch Wahrheit.

Vergleiche

Eigentlich wird alles deutlich, wenn man Vergleiche aus dem Bereich der Kunst heranzieht, wie das ja Franziskus in der

Fortsetzung der Geschichte in der Textsammlung von Perugia tut.

Ich sehe vor mir den „Denker“ von Rodin oder die „Pietà“ von Michelangelo. Herrliche Kunstwerke! Doch wer spricht vom Material, von Stein und Marmor? Ich sehe vor mir die „Stuppacher Madonna“ von Matthias Grünewald und die „Mona Lisa“ von Leonardo da Vinci. Das Entzücken der Augen! Doch wer spricht von Leinwand und Holz? Es braucht das Material, aber der Künstler hat es zum Sprechen gebracht. Es lebe der Künstler!

So sind wir Menschen, so ist auch der heilige Franz, große Kunstwerke. Und wir dürfen stolz sein, es zu sein – unter der Bedingung, daß wir den Künstler ehren, nicht uns selbst. Das ist die Wahrheit über uns; sie anzuerkennen ist ein Akt der Demut!

II

Fioretti 34

Der heilige Ludwig, König von Frankreich, ging auf eine siebenjährige Pilgerreise, um die Heiligtümer in der Welt zu besuchen. Als er das Gerücht von der Heiligkeit des Bruders Aegidius hörte, beschloß er in seinem Herzen, ihn zu besuchen.

Wie ein armer, unbekannter Pilger kam er mit wenigen Gefährten zur Pforte und fragte inständig nach Bruder Aegidius, gab sich dem Pförtner aber nicht zu erkennen. Der Pförtner ging zu Bruder Aegidius und sagte, daß ein Pilger nach ihm frage. Da wurde diesem von Gott geoffenbart, daß jener der König von Frankreich sei, und er eilte sofort voller Aufregung zur Pforte. Ohne den anderen zu fragen oder ihn vorher je gesehen zu haben, fielen beide mit großer Ehrfurcht auf die Knie. Sie umarmten und küßten einander mit einer solchen Herzlichkeit, als wären sie schon lange Zeit einander in Freundschaft verbunden. Die ganze Zeit sprach keiner ein Wort zum andern. Sie verharrten schweigend in dieser Umarmung. Dann trennten sie sich, ohne ein Wort zu sagen.

Als der König gegangen war, fragten die Brüder einen seiner Begleiter, wer dies gewesen sei, den Bruder Aegidius so zärtlich umarmt habe. Jener antwortete, es sei Ludwig gewesen, der König von Frankreich, der gekommen sei, Bruder Aegidius zu sehen. Er erzählte es den anderen Brüdern, und Bruder Elias war voller Unmut, daß Bruder Aegidius dem König kein einziges Wort gesagt hatte. Und er schimpfte: „O Bruder Aegidius, warum warst du so dumm gegenüber einem so großen König? Er kam von Frankreich, um dich zu sehen und um von dir ein paar gute Worte zu hören. Und du sagtest nichts?!“ Bruder Aegidius antwortete: „Liebste Brüder, wundert Euch nicht. Weder er noch ich konnten auch nur ein Wort sagen. Als wir uns umarmten, erhellte uns das Licht der göttlichen Weisheit, und es offenbarte mir sein Herz und ihm meines. Und so sahen wir durch göttliche Einwirkung in die Herzen und erkannten, was wir einander sagen wollten, viel besser und waren mehr getröstet, als wenn wir mit dem Mund gesprochen hätten. Hätten wir mit der Stimme erklären wollen, was wir mit unserem Herzen fühlten, wir hätten mit der hilflosen menschlichen Sprache die verborgenen Geheimnisse Gottes nicht klar ausdrücken können. Diese

Rede hätte mehr zu Mißverständnissen als zum Trost geführt. Wißt also, daß der König wunderbar getröstet wegging."

Die verbindende Kraft des Schweigens

Eine der schönsten Geschichten, die ich kenne, ist die Geschichte von der Begegnung zwischen König Ludwig von Frankreich und Bruder Aegidius.

Die Wahrheit der Legende

Ich muß dem Ganzen allerdings die Feststellung vorausschicken, daß die Begegnung historisch nie stattgefunden hat. Denn König Ludwig hat nie eine Reise nach Italien gemacht, schon gar nicht eine siebenjährige Pilgerreise zu den Heiligtümern der Welt. Weder für das eine noch für das andere gibt es Notizen in der königlichen Chronik oder im höfischen Protokoll. Und auch die verschiedenen Fassungen der Lebensgeschichte des seligen Aegidius enthalten keinerlei Hinweis für eine Begegnung der beiden Heiligen.

Die Geschichte wird zum ersten Mal erzählt in jenen kleinen Franziskanergemeinschaften in der Mark Ankona, die sich vor allem dem Geist des Gebetes widmen und dem Geheimnis Gottes Raum geben wollten. Und da sie die meiste Zeit in der Tiefe des Herzens lebten, dort, wo der Mensch recht eigentlich schöpferisch ist, brachen auch die kreativen Kräfte auf: die Fähigkeit des Erzählens, Phantasie und Poesie. Sie begannen, einander und den Menschen, denen sie begegneten, Geschichten zu erzählen. Sie wollten damit zeigen, was Gott zu tun vermag und wie wunderbar er ist.

Es war die Zeit, in der alle Welt von Ludwig IX. sprach, dem heiligen König von Frankreich, der 1297 heiliggesprochen wurde und von seiner inneren Haltung her „ein franziskanischer Mann" war. Die Poesie, die sich ungefähr zu dieser

Zeit in einem Geschichtenbuch niederschlägt, in den sog. „Taten des heiligen Franz“ und dann – in italienischer Übersetzung – in den „Blümlein des heiligen Franz“, kann Auseinanderliegendes zusammendenken. Immer schon ist es die Kraft der Dichtung gewesen, örtlich oder zeitlich Fernes zusammenzuführen und damit dem großen Wahrheitszusammenhang zu dienen, der alles durchwaltet.

Ich habe noch nie Schwierigkeiten gehabt, Legenden anzunehmen und in mein eigenes Leben zu integrieren. Auch diese Geschichte symbolisiert die eigentliche Wahrheit unseres Lebens: die Geistesgemeinschaft von Personen, selbst wenn sie sich nie begegnet sind; die unterirdische Verbindung zwischen Menschen aus verschiedenen Nationen zur selben Zeit (Aegidius und Ludwig sind Zeitgenossen: der erste stirbt 1262, der zweite 1270); die Möglichkeit von Kommunikation in Gott und in schweigender Liebe: die gemeinschaftsstiftende Kraft des Schweigens; die Unbeholfenheit und das Ungenügen der Sprache – und noch viel anderes.

Aegidius und Ludwig

Vielleicht ist es trotzdem nötig, die beiden Persönlichkeiten noch ein wenig konkreter vorzustellen:

Ludwig IX., der heute noch als Patron der franziskanischen Laiengemeinschaft verehrt wird, ist 1219 geboren. Schon mit 11 Jahren wurde er König von Frankreich und dann ein tüchtiger Herrscher, begabt mit unbeugsamen Gerechtigkeitssinn und dem Geist der Armut, ein Mann, der streng zu sich selbst, aber liebenswürdig zu den anderen war. Er setzte sich für den innerstaatlichen Frieden ein und wehrte sich gegen die Machtansprüche des Papstes. Er war ein Mann, der die Gemeinschaft mit den Bettelorden suchte und eigenhändig die Armen pflegte, ein froher und heiliger Mann, der, wie ein Bericht erzählt, in Sens/Frankreich die Franziskanerkirche besuchte, „nicht in königlichem Pomp, sondern im Pilgerkleid“ (Salimbene). Zweimal begab er sich, geblendet vom Wahn des heiligen Krieges wie viele andere

Zeitgenossen, auf den Kreuzzug, wo er mit Erfolg kämpfte, beim zweiten Mal aber an einer Seuche bei Karthago starb.

Aegidius ist der vierte Bruder, der zu Franziskus stieß. Dieser war begeistert, als er sich entschloß, in die junge Gemeinschaft einzutreten. Franziskus ließ ihm die größtmögliche Freiheit, sein Leben selbst zu gestalten und einen eigenen franziskanischen Ausdruck zu suchen. Aegidius sagte von sich, daß er viermal geboren sei: von einfachen Bauern aus der Umgebung von Assisi, von denen er bis zu seinem Tod die Einfachheit mitbrachte; von der Kirche in der Taufe, in der er leben und sterben sollte, allerdings in einer ganz bestimmten Lebensform; beim Eintritt in die Franziskusgemeinschaft, in der er zuerst die ganze Welt (von Palästina bis nach Spanien und Tunesien) durchwanderte und sich zum Sprachrohr der franziskanischen Verkündigung machte; und schließlich – nach dem Tod des heiligen Franz – durch ein existentielles Erleben Gottes, in einem mystischen Durchbruch, den er auszuleben suchte in einer rein kontemplativen Lebensform, zuerst in der Einsiedelei von Cetona/Chiusi und dann in jener von Monteripido/Perugia. Sein Leben war erfüllt von Gott, so daß die Stadt Perugia und wohl auch die Franziskaner eigentlich Wunder von ihm erwarteten. Da sie ausblieben, suchte man es zu erklären mit einer Aussage, die Aegidius noch vor seinem Sterben gemacht haben soll: „Sagt den Perusinern, es wird nie dazu kommen, daß in Perugia die Glocken läuten wegen meiner Heiligsprechung oder wegen Wunder, die ich vollbringen werde." Ob die wunderbare Begegnung mit dem heiligen Ludwig Ersatz sein soll?

So werden also zwei Welten zusammengeführt, die eigentlich zusammengehören: die Politik und die Kontemplation, der Einsatz für eine gute menschliche Gesellschaft und die Verwurzelung in Gott. Ein Mann, Aegidius, der die ganze Welt erwandert hat und in das Geheimnis Gottes fließen ließ – und ein anderer, der in der Welt das Sagen hatte, aber sich letztlich bewußt war, daß alles nur Wanderschaft ist, Provisorium, das es zurückzulassen gilt.

Die schweigende Offenheit als Voraussetzung der Kommunikation

Die Geschichte spielt sich in einer Einsiedelei ab. Das kommt nicht von ungefähr: Aegidius ist in der Zelle, das heißt: er ist im Gebet, dem Geheimnis Gottes zugewandt, im Grund der Welt verwurzelt, und zwar nicht nur seinsmäßig, aber unbewußt, sondern auch im Vollzug und im existentiellen Erleben, in der schweigenden Offenheit und in der intensiv erfahrenen Gegenwart Gottes.

Vom anderen Pol der Geschichte her ereignet sich die Begegnung auf einer Pilgerreise, also auch innerhalb eines religiösen Vollzugs: Im Wandern zeigt sich das Eigentliche des Menschen: seine Zeitlichkeit, seine körperliche Verfassung, aber auch seine Zielgerichtetheit auf die Verheißungen Gottes.

Deswegen verwundert eigentlich nicht, daß in dieser Erzählung das Wort „rivelare“ oder auch „manifestare“ („enthüllen, offenbaren, offenlegen“) häufig vorkommt: Gott läßt Aegidius erkennen, daß da nicht irgendwer zu ihm kommt, sondern der große König Ludwig; das Licht der göttlichen Weisheit offenbart dem einen das Innerste des anderen; die göttliche Offenbarung ist es, die die Worte überflüssig macht und eine tiefergehende Kommunikation ermöglicht.

Es gehört ja zu den fundamentalen Einsichten der Menschheit, daß die mystische Erfahrung nicht in die Isolation führt, sondern zu einem intensiven Erleben der Gemeinsamkeit. Der Gott der Liebe, der sich dem einzelnen zuwendet, offenbart sich auch als Gott der anderen. Und so entsteht in jedem echten Mystiker, in jeder Gotteserfahrung auch die Kernerfahrung einer neuen „communio“, der Einheit von Gott und Welt, von Ich und den Anderen, von Innen und Außen: Gottes Geist ist das notwendige Medium, das Dritte, was zwei auseinanderliegende Wirklichkeiten zueinander vermittelt. Das ist zwar schwer verständlich zu machen, aber eine aus sich heraus verständliche Einsicht. Nur weil die Geschöpfe im tiefen Grund ihres Wesens von der

Liebe Gottes berührt und umfangen sind, können sie sich, wenn sie da angelangt sind, auch erkennen und lieben.

Freundschaft

Interessant ist nun, wie die Geschichte von einem Vokabular der Leidenschaft und Liebe durchwoben ist. Nach dem, was ich eben gesagt habe, dürfte das verständlich sein:

– „Mit großer Aufregung", steht im deutschen Text, sei Aegidius aus seiner Zelle, also aus der unmittelbaren Gottbegegnung herausgetreten, „con fervore grande" heißt es im italienischen Text, was nicht ganz dasselbe ist. Der erste Ausdruck gehört in den Bereich der Nervosität, der zweite aber zur Erfahrung der Leidenschaft: Innerlich entbrannt und entflammt macht sich Aegidius auf den Weg.

– Aegidius sei zur Pforte „gerannt" („correndo"): nichts hält ihn mehr in der Kontemplation, alles drängt zur Begegnung. Überhaupt ist das ein Grundzug christlicher Mystik. Die Liebe, die einer in Gott erfährt, ereignet sich in mitmenschlicher Begegnung. Schon Maria mußte über den Berg zu Elisabeth eilen.

– Fraglosigkeit. Liebe fragt nicht, sie ist ein Elan des Herzens, eine innere Gewißheit, die jede Diskussion überflüssig macht.

– Mit der größtmöglichen und letztlich religiös verwurzelten Sensibilität und Hingabe („con grandissima divozione") begegnen sie sich, obwohl sie einander nie gesehen haben. Nur wer sich schon kennt, braucht keine Anlaufzeit!

– Sie gehen auf die Knie voreinander, umarmen und küssen sich. Sie vollziehen ein ganzes Zeremoniell der Liebe, eine Liturgie der Begegnung, ein Ritual der Inbrunst.

– „Con grande dimestichezza et amore": Auch hier ist wichtig, auf den Originalton zu hören. Der erste Ausdruck enthält alle Nuancen von Intimität, Vertrautheit, Zärtlichkeit; der zweite meint die sinnlich spürbare Liebesbewegung, die sich auf die leib-seelische Gestalt des anderen bezieht. Sie begegnen sich so, als wären sie schon lange intime Freunde („amici intrinsichi“).

– „Eng umschlungen“ („abbracciati stretti“) bleiben sie die ganze Zeit ihres Zusammenseins: Schweigende Liebe erfüllt sie, liebendes Schweigen verbindet sie; kein einziges Wort fällt. Und ohne ein Wort zueinander gesagt zu haben, gehen sie ihre Wege: Aegidius zurück in die Zelle, Ludwig nimmt seine Pilgerreise wieder auf. Und beide haben den Trost menschlicher Liebe und Freundschaft erfahren, eine Beziehung erlebt, in der sich Gottes Liebe ereignet hat.

Schweigen und Reden

Daß Aegidius die Gelegenheit nicht beim Schopfe gefaßt hat, um den großen König Ludwig zu sprechen, können die Mitbrüder nicht verstehen. Nachdem sie von der Begleitung des Königes erfahren haben, wer der Pilger sei, überhäufen sie Aegidius mit Vorwürfen.

Sie teilen mit vielen Menschen die verhängnisvolle Meinung, daß Begegnung allein auf der Basis der Sprache möglich ist. Vielleicht ist diese Meinung gerade schuld daran, daß die meisten Beziehungen heute in die Brüche gehen. Um sich zu verstehen, braucht es mehr als Worte. Verständnis erwächst aus dem, was dem Wort vorausliegt und von dem das Wort erst Ausdruck ist: der Tiefe des Herzens, der ganzheitlichen Offenheit, dem sprachlich und begrifflich unauslotbaren Grund des Seins. Worte können nicht alles sagen, und oft sind sie zudem noch mißverständlich.

Vielleicht muß man nicht so pessimistisch sein. Vielleicht vermag Sprache mehr, als Aegidius meint. Aber dann nur, wenn das Schweigen und die Stille wieder ein Element der Sprache selbst geworden sind, und nur, wenn die Worte wieder getragen werden vom Geheimnis, das nicht mehr in Worten faßbar ist und das dennoch Worte möglich macht.

Schweigen und Stille als Momente von Sprache und Begegnung – das ist es, was wir wieder lernen müssen.

III

Aegidius von Assisi 1

Einmal sagte Bruder Aegidius zum Bruder General Bonaventura: „Mein Vater, viele Fähigkeiten hat Gott Dir gegeben. Wir haben keine Fähigkeit empfangen. Was müssen wir Unwissenden und Dummen tun, um gerecht zu werden?“

Der General antwortete: „Wenn Gott dem Menschen keine Fähigkeit gäbe außer ihn zu lieben – es genügte.“

Und Bruder Aegidius fragte: „Kann ein Ungebildeter Gott ebenso lieben wie ein Gelehrter?“

Der General antwortete: „Eine alte Frau kann ihn noch mehr lieben als ein Lehrer der Theologie.“

Von Leidenschaft gepackt sprang Bruder Aegidius auf, ging in den Garten, zum Ort, der der Stadt zugewandt war, und rief: „Kleine, arme, alte Frau, einfach und dumm, du liebst Gott den Herrn, und kannst ihn mehr lieben als Bruder Bonaventura.“

Ergriffen und unbeweglich blieb er während drei Stunden stehen.

Aegidius von Assisi 2

Ein Bruder aus England, Professor der heiligen Theologie, predigte einmal in Anwesenheit der heiligen Klara und des Bruders Aegidius im Kloster San Damiano.

Mitten in der Rede rief Bruder Aegidius voller Leidenschaft: „Schweig, Professor, schweig, denn ich will predigen.“

Sofort schwieg jener. Und in der Leidenschaft des Geistes Gottes fand Bruder Aegidius köstliche Worte.

Nach einer Weile sagte er zum Professor: „Vollende nun die Rede, Bruder, die ich begonnen habe.“ Und der Professor nahm seine Predigt wieder auf und führte sie zu Ende.

Als die selige Klara dies sah, sagte sie jubelnden Geistes: „Heute hat sich der Wunsch unseres heiligsten Vaters Franziskus erfüllt. Einst sagte er zu mir: ‚Ich wünsche sehr, die Kleriker unter meinen

Brüdern wären so demütig, daß ein Professor der Theologie seine Predigt unterbräche, wenn ein Laie das Wort wünscht.‘ Ich sage euch, Brüder, mehr als wenn ich ihn Tote auferwecken sähe, baut mich dieser Professor auf.“

Die Chance der Ungebildeten und das Recht der Laien

Die beiden Geschichten haben – abgesehen davon, daß beide mit Bruder Aegidius zu tun haben – einen thematischen Zusammenhang. Sie sprechen ein Problem an, das in verschiedener Hinsicht bis heute ungelöst ist. Es wäre gut, wenn die Chefideologen unserer Kirche auf solche Geschichten vermehrt hören würden.

Das Problem

Das Problem, das damit angesprochen ist, betrifft die doppelte Spannung „Theologie und Einfachheit des Glaubens“ und „Priester und Laien“. Gemeint sind zwei große Gefahren in der Kirche. Und man kann eigentlich nicht sagen, daß die Kirche ihr nicht erlegen sei.

Zunächst geht es um die Gefahr der *Monopolisierung des Glaubens durch die wissenschaftliche Theologie.* Immer wieder entsteht der Eindruck, als ob die Schriftgelehrten allein im Besitz der Wahrheit seien. Schon in der Bibel, aber dann auch in der späteren Kirche! Hinzu kommt, daß die Theologen unterscheiden und abstrahieren, schwerfällige Sätze mit vielen Fremdwörtern und Antworten auf nie gestellte Fragen geben. Da kann manch ein Gläubiger den Mut verlieren: So hoch kann ich nicht denken, das ist mir alles viel zu schwer. Und dann stellt sich die Frage, ob denn der Glaube wirklich so kompliziert sei, wie die Theologen den Eindruck erwecken.

Die zweite Gefahr ist die *Monopolisierung des Glaubens durch die Priester.* Da „Klerus" im Mittelalter immer auch gleichbedeutend ist mit „Gebildeter", ist die eben genannte Spannung von Theologie und Einfachheit immer auch mitgedacht. Hier kommt aber hinzu, daß die Priesterweihe nach auch heute gültigem Recht den Priester allein zum Prediger macht. Aber ist Verkündigung wirklich eine Frage des Rechtes? Ist sie nicht viel eher eine Frage der geistlichen Kompetenz? Ich denke, wir sollten sehr aufmerksam auf den subversiven Charakter der beiden Geschichten hören, um vielleicht auch heute zu neuen Antworten zu kommen.

Die handelnden Personen

Um die beiden Geschichten in ihrer wahren Tiefe auszuloten, müssen wir uns bewußt machen, wer die Personen sind, die in der Geschichte vorkommen.

Da ist zunächst *Aegidius,* der in beiden Geschichten auftritt. Er ist der vierte Bruder, der dem heiligen Franziskus folgt. Ein Analphabet, also einer, der nie lesen und schreiben gelernt hat. Und trotzdem genießt er bis heute den Ruf, in die höchsten Höhen und in die tiefsten Tiefen Gottes eingelassen worden zu sein. Er zählt zu den großen Weisen der franziskanischen Tradition. Seine Weisheit ist in einer Spruchsammlung über allen Jahrhunderte bis heute weitergegeben worden.

Ihm gegenüber steht zunächst *Bonaventura.* Neben Thomas von Aquin ist er der bedeutendste Theologe des 13. Jahrhunderts, ein Mann, dessen besondere Fähigkeit es ist, die Dinge, die von Gott handeln, auch besonders schön zu sagen. Seine Bücher werden auch heute noch gerne gelesen. Und an allen theologischen Fakultäten werden immer noch Doktorarbeiten über ihn und sein Denken geschrieben. Man könnte sagen, daß der heilige Bonaventura das dachte und in eine theologische Sprachform kleidete, was der heilige Franziskus lebte. 1257 ist er zum sog. Generalminister (= allgemeiner Diener) der Franziskaner gewählt worden. Sofort geht er auf den Berg La Verna, um sich da in Gebet und Meditation in die Gotteserfahrung des heiligen Franz einzufühlen. Seine Bedeutung wurde von der Kirche anerkannt: Er wurde als Kardinal zum Konzil von Lyon (1274) gerufen, wo er seine liebenswürdige Art und den Scharfsinn seines Denkens einbringen sollte, um die Wiedervereinigung mit der Kirche des Ostens zu erreichen. Leider ist er dann noch während des Konzils 57jährig gestorben.

Der andere Theologe, dem Aegidius in San Damiano gegenübertritt, ist namentlich nicht genannt. Doch könnte, wie es die Überlieferung will, *Alexander von Hales* gemeint sein. Er war bereits einer der größten Gelehrten der Zeit, Professor und Regens zunächst der philosophischen und dann der theologischen Fakultät von Paris, als er – nach 25 Jahren Lehrtätigkeit und im 50. Lebensjahr – von Franziskus fasziniert wurde und in den Franziskanerorden eintrat (1236, zehn Jahre nach dem Tod des heiligen Franz). Er bleibt aber weiterhin Professor an der Pariser Universität, wo Bonaventura sein Schüler ist. Im Jahre 1245 stirbt er im 60. Lebensjahr.

Schließlich muß auch noch *Klara von Assisi* genannt werden, diese wunderbare und kraftvolle Frau, Freundin und Schülerin des heiligen Franz und bis zuletzt seine treueste Sachwalterin. Es ist darum nicht verwunderlich, wenn sie ein Zitat des heiligen Franziskus anführt, als sie sieht, daß da wirklich Franziskanisches geschieht.

Die Chance der Ungebildeten

Echt franziskanisch sind Frage und Antwort in der einen Geschichte. Welches sind die Zukunftsperspektiven der Ungebildeten und der ganz schlichten Leute? Interessant, daß Aegidius fast genau die Selbstbezeichnung des heiligen Franziskus aufgreift: „Und wir waren ungebildet“, „idiotae“ (Test 19). „Insipientes et idiotae – wir Unwissende und Ungebildete“ sagt Aegidius. Haben diese Leute überhaupt eine Chance, gerettet zu werden, bei Gott Gnade zu finden?

Eigentlich ergibt sich die Antwort von selbst. Hatte nicht Franziskus gerade die Einfachheit, den unkomplizierten, schlichten und offenen Glauben in den Mittelpunkt gestellt? Die Einfachheit ist für Franziskus so zentral, daß Lothar Hardick in der Ausgabe der Schriften des Heiligen einen längeren Artikel dazu schreibt. Man muß sogar sagen, daß Franziskus keinen anderen Weg sieht – auch für den Theologen nicht –, um Gnade bei Gott zu finden. Gott ist nicht jemand, den „man erst durch scharfsinniges, geschultes Denken und Untersuchen ans Licht heben müßte" (Hardick). Gott ist vielmehr dem schlichten Gemüte zugänglich.

Angesichts dieser Grundeinsicht des heiligen Franz ist die Frage des Aegidius eine mehr rhetorische. Oder damit will er den Theologen auf die Probe stellen. Und dann wäre die Frage auch ein Beweis für das offene und gute Klima, in dem ein schlichter Bruder sich getraut, überhaupt eine Frage zu stellen.

Auf jeden Fall: Bonaventura besteht die Prüfung: die Liebe allein genügt, mag man sonst auch nichts anderes können. Und das Ausmaß und die Intensität der Liebe ist unabhängig von Wissenschaft und Bildung. Der ärmste Schlukker, der weder lesen noch schreiben kann, die alte Frau, der jeder Buchstabe Mühe macht und jeder Satz zuviel ist – die Fähigkeit zur Liebe ist davon nicht berührt. Als Bonaventura diese Antwort gibt und sich selbst als wahren Franziskaner erweist, der die wirklichen Dimensionen des Glaubens aufdeckt, ist Aegidius weg, von Sinnen, ganz und gar entrückt und von der leidenschaftlichsten Liebe ergriffen, stundenlang.

Wie schön wäre es, wenn wir heute solche Theologen hätten! Wie schön wäre es, wenn wir in der Kirche dieses Klima hätten, in dem auch die einfachsten Menschen den Mund auftun dürften und eine Sprache fänden! Wie schön wäre es, wenn die Einfachheit und nicht die Kompliziertheit des Glaubens als Weg und Ziel erkannt und gefördert würde! Wie schön wäre es, wenn alle, die nicht das Glück hatten, in die Schule zu gehen oder gar eine höhere Bildung zu genießen, daraus keine Nachteile hätten, keine Minderwertigkeitsgefühle! Gerade sie sind die Privilegierten Gottes. Das muß auch der große Theologe anerkennen!

Das Recht des Laien

Und wie schön wäre es, wenn es in der Kirche gerade umgekehrt liefe! Wenn wir endlich aufhörten, den einfachen Menschen auszugrenzen! Wenn wie doch endlich zur Einsicht kämen, daß nicht Ausbildung allein geistliche Kompetenz ausmacht! Wie oft hatte ich als sogenannter Gebildeter beschämt auf die Seite blicken müssen, wenn eine einfache Frau oder ein einfacher Mann vom Glauben erzählte oder das Evangelium auslegte. Jeder, der Erfahrungen mit Gott gemacht hat, ist viel geeigneter zu predigen als der Gebildete, der seine Weisheit nur aus Büchern besitzt.

Mich freut darum die Geschichte, die sich in San Damiano abgespielt haben soll. Der berühmte Professor erlebt eines Tages, was in den sechziger Jahren jeder Prediger gefürchtet hat: daß da einer Zwischenrufe machen, ja sogar die Kanzel für sich beanspruchen könnte. Ich kann mich noch gut an die Diskussionen erinnern, die wir Priester damals in Bonn hatten: Wie sollten wir in solchen Fällen reagieren? Für einen franziskanischen Priester gibt es im Grunde nur eine Reaktionsmöglichkeit: Platz machen, Raum geben, zu Wort kommen lassen!

Klara von Assisi ist entzückt, wie sie sieht, daß das nun tatsächlich geschieht. Und sie erinnert sich an eine Aussage des heiligen Franz: „Ich wünsche sehr, die Kleriker unter meinen Brüdern wären so demütig, daß ein Professor der Theologie seine Predigt unterbricht, wenn ein Laie das Wort wünscht." Interessant ist dann auch, daß Klara das Verhalten des Professors für ein großes, ja für das größte Wunder hält: viel größer noch als das Wunder der Totenerweckung.

Oder wäre *das* vielleicht sogar die Auferweckung von den Toten, die die Kirche erbeten und ersehnen sollte: daß der Laie wirklich zu Wort kommt, daß seine Kompetenz endlich anerkannt wird? Läge vielleicht darin gar das wirkliche Leben der Kirche?

Ich freue mich auch an dieser Perspektive, weil eigentlich nur sie das Evangelium zum Ausdruck bringt. Alles andere entstammt der Welt, wo man sich abgrenzen und behaupten will.

IV

Das Bruderschaftsstatut (NbReg 4–6)

1 Im Namen des Herrn!

2 Alle Brüder, die als Minister und Knechte zum demütigen und alltäglichen Dienst an den anderen Brüdern bestellt sind, sollen ihre Brüder zu regionalen und örtlichen Gemeinschaften zusammenstellen. Und sie sollen diese oft besuchen und geistlich ermahnen und stärken.
3 Und alle meine anderen Brüder – ich segne sie – mögen ihnen gehorsam sein in den Dingen, die das Heil der Seele betreffen und nicht gegen unsere Lebensform sind.
4 Und untereinander sollen sie sich so verhalten, wie der Herr gesagt hat: „Was immer ihr wollt, daß es euch die Menschen antun, das tut ihr ihnen" (Mt 7,12);
5 Und: „Was du nicht willst, daß es dir geschieht, das füg auch keinem anderen zu".
6 Und die Minister und Knechte sollen beherzigen, was der Herr sagt: „Nicht bedient zu werden, bin ich gekommen, sondern zu dienen" (Mt 20,28). Und ihnen ist die Sorge um die Seele der Brüder anvertraut. Sollte einer wegen ihrer Schuld oder wegen ihres schlechten Beispiels verlorengehen, dann werden sie vor dem Herrn Jesus Christus Rechenschaft ablegen müssen am Tage des Gerichtes (vgl. Mt 12,36).
7 Hütet also eure eigenen Seelen und die Seelen eurer Brüder; denn schrecklich ist es, in die Hände des lebendigen Gottes zu fallen (Hebr 10,31).
8 Wenn aber ein Minister einem seiner Brüder etwas befehlen sollte, was gegen unsere Lebensform ist oder gegen dessen Seele, dann ist dieser von der Gehorsamspflicht entbunden. Denn wo die grundlegende Berufung verfehlt oder eine Sünde begangen wird, kann von Gehorsam nicht die Rede sein.
9 Darum sollen alle Brüder, die den Ministern und Knechten im Gehorsam verbunden sind, die einzelnen Taten der Minister und Knechte mit Liebe und Vernunft abwägen.
10 Und sollte nach ihrem Urteil einer von ihnen nach bloß innerweltlichen Maßstäben leben und nicht nach der geistlichen Aus-

richtung unserer Lebensform, so soll er bis zu drei Mal ermahnt werden. Und sollte er sich darnach immer noch nicht gebessert haben, so soll bei der großen Pfingstversammlung dem Minister und Knecht der ganzen Bruderschaft Bericht erstattet werden, und nichts und niemand darf dies verhindern.

11 Wenn unter den Brüdern selbst irgendeiner wäre, der nach bloß innerweltlichen Maßstäben lebt und nicht nach der geistlichen Ausrichtung unserer Lebensform, sollen die Brüder, die mit ihm zusammenleben, ihn ermahnen, belehren und demütig und liebevoll anfassen.

12 Wenn er sich nach dreimaliger Ermahnung nicht bessert, sollen sie ihn so schnell wie möglich zum zuständigen Minister und Knecht schicken oder anzeigen. Der Minister und Knecht soll dann mit ihm so umgehen, wie es ihm von Gott her das Beste erscheint.

13 Und die Brüder, sowohl die Minister und Knechte als auch die anderen, sollen sich hüten, wegen einer Sünde oder sonst einer dummen Tat eines anderen aufgebracht oder zornig zu werden. Denn der Teufel will durch den Fehler eines einzelnen viele verderben.

14 Sie sollen vielmehr, so gut sie es nur können, dem fehlerhaften Bruder geistlich helfen. Denn nicht die Gesunden haben den Arzt nötig, sondern die Kranken (vgl Mt 9,12; Mk 2,17).

15 In gleicher Weise soll kein Bruder Macht oder Herrschaft ausüben, vor allem nicht innerhalb der Bruderschaft selbst.

16 Denn der Herr sagt im Evangelium: „Die Fürsten herrschen über ihre Völker, und die die Größten sind, üben Macht über die anderen aus“ (Mt 20,25). So soll es unter Brüdern nicht sein (vgl. Mt 20,26).

17 Und wer unter ihnen der Größere sein will, sei ihr Minister (vgl. Mt 20,26) und Knecht.

18 Und wer der Größere ist unter ihnen, mache sich zum Minderen (vgl. Lk 22,26).

19 Kein Bruder füge einem anderen etwas Böses zu, und keiner sage ihm etwas Böses.

20 Vielmehr sollen sie einander in der Liebe des heiligen Geistes freiwillig dienen und gehorchen (vgl. Gal 5,13).

21 Und dies ist der wahre Gehorsam unseres Herrn Jesus Christus.

22 Und alle Brüder, die von den Geboten des Herrn abweichen und außerhalb des Gehorsams herumschweifen, wie der Prophet sagt (Ps 118,21), sollen wissen, daß sie außerhalb des Gehorsams verflucht sind.

23 Und wenn sie ausharren in den Geboten des Herrn, die sie im Hinblick auf das Evangelium und unsere Lebensform versprochen haben, sollen sie wissen, daß sie Stand haben im wahren Gehorsam und darum vom Herrn gesegnet sind.

Nachtrag

24 Wenn die Brüder in irgendeiner Gemeinschaft unsere Lebensform nicht beobachten können, so sollen sie, so schnell wie möglich, zu ihrem Minister fliehen und ihm die Sachlage erklären.

25 Der Minister aber soll so für sie sorgen, wie er umsorgt sein möchte, wenn er in einer ähnlichen Situation wäre (vgl. Mt 7,12).

26 Und keiner soll sich Prior („Erster") nennen, alle sollen grundsätzlich Mindere Brüder heißen.

27 Und einer wasche dem anderen die Füße (vgl. Joh 13,14).

Die Logik der Liebe

In der Nichtbullierten Regel des heiligen Franz – man nennt sie so, weil sie nicht mit einer päpstlichen „Bulle" bestätigt worden ist – gibt es einen Text, den ich „Bruderschaftsstatut" nenne. Es deutet das Zusammenleben der Brüder (ähnliches wäre wohl auch von den Schwestern zu sagen) von der Logik der Liebe her, die durch Jesus Christus in die Welt gekommen ist. Ich habe versucht, dieses Statut so zu übersetzen, daß an sich nicht mehr viele Erklärungen notwendig sind.

Ein einheitlicher Text von Franziskus und ein Nachtrag

Der Text stammt ohne Zweifel aus den Anfängen der Gemeinschaft und ist von Franziskus selbst geschrieben: Oft bringt sich der Heilige ganz persönlich ins Spiel, z. B. wenn er von „meinen" Brüdern spricht und vom „Segen", den er ihnen gibt. Das Statut wurde geschrieben, als sich die Notwendigkeit aufdrängte, etwas Struktur in die größer werdende Gemeinschaft einzubringen.

Ganz deutlich ist ein Anfang markiert: im Namen des Herrn – und ganz deutlich auch ein Schluß: vom Herrn gesegnet. Aber offenbar wurde später ein Anhang nötig, weil man den ursprünglichen Geist der Regel nicht mehr eindeutig verstand.

Die Logik der Liebe

Es kann kein Zweifel sein, daß der Sinn des Statutes in der Logik der Liebe liegt, welche das Zusammenleben der Brüder bestimmen sollte. So verweist denn der letzte Satz des Nachtragskapitels auf die Fußwaschung Jesu. In dieser Symbolhandlung ist das Grundgesetz der christlichen Gemeinschaft greifbar. Es geht um die Liebe, in der einer bereit ist, dem anderen die niedersten Dienste zu tun. Es geht um die Liebe „bis zuletzt", also um die Liebe, in der einer für den anderen stirbt, sich hingibt, sich bis in die Nacktheit des Todes entäußert, damit die anderen Raum zum Leben haben.

Ein anderer biblischer Bezug ist der mehrfache Hinweis auf den Rangstreit der Jünger. Jesus macht ihnen deutlich, daß sie nichts von seinem Innersten verstanden haben, wenn sie weiterhin um die Plätze ringen und über andere Macht und Herrschaft ausüben wollen: Unter euch soll es nicht so sein (Mt 20,26). Jesus Christus entäußert sich in seiner Menschwerdung, er verzichtet auf sein Gottsein und somit auf alle Macht und Herrlichkeit. Gott wird darum nicht erfahren, wo Macht und Herrschaft ist, sondern da, wo Güte ist und Liebe. Die zwischenmenschlichen Beziehungen derer, die sich zu Jesus bekennen, müssen darum frei sein von Macht und Herrschaft. Im Lukasevangelium wird das sogar noch deutlicher, indem der Rangstreit im Anschluß an die Eucharistiefeier berichtet wird: Wer Eucharistie feiert, darf für sich keinen Vorrang beanspruchen, keine Macht, kein Privileg, auch keinen Klerikalismus,

Macht und Herrschaft gehören also in den „weltlichen" Bereich, unter Christen dürfen sie auch nicht im Ansatz spielen. Kirche, christliche Gemeinschaft ist eine Alternative zur Welt. Und wenn das die Kirche nicht begreift, dann lebt sie mehr von weltlichen Vorstellungen als von christlichen. Vielleicht begreifen das endlich auch einmal Päpste und Bischöfe. Sie müssen es begreifen. Deswegen braucht es innerhalb der Kirche prophetische Gemeinschaften, welche die Alternative einfordern.

Minister, nicht Prior!

Franziskus hat diese Alternative sehr wohl erkannt und innerhalb einer mächtigen Kirche zum Ausdruck gebracht. Das zeigt sich in den beiden Amtsbezeichnungen, die ich nicht gut übersetzen kann. Die Funktion, welche Verantwortung beinhaltet, wird konsequent umschrieben: Minister und Knecht, nicht Prior. Nicht oben, sondern unten soll sich der Verantwortliche wissen, nicht als Erster, sondern als Letzter – genau so wie Jesus Christus, der auf Macht verzichtet hat und nicht gekommen ist zu herrschen, sondern zu dienen.

Das hat auch zur Folge, daß der Minister und Knecht der Kritik aller ausgesetzt ist. Gerade er muß in seinen Handlungen und in der Art seines Lebens Gegenstand ständiger Beobachtung und Kritik sein. Und wenn diese zu einem negativen Ergebnis kommt, dann muß ein rücksichtsvoller, einfühlender, aber darum nicht weniger entschiedener Prozeß in Gang kommen: „Gespräch“, „Anzeige“, „Absetzung“. Diese stufenweise Methodik ist zu beachten: das dreifache persönliche Gespräch muß allem vorangesetzt werden. Erst die Fruchtlosigkeit des Gesprächs verlangt dann andere Maßnahmen (das gleiche Verfahren gilt grundsätzlich für jeden Bruder!)

Auch die „Befehle“ des Ministers, wenn denn solche überhaupt erlassen werden sollen, dürfen nicht ungeprüft übernommen werden. In einer christlichen Gemeinschaft darf es keinen absoluten Gehorsam geben: alles muß mit der grundlegenden Berufung (mit der Lebensform) und mit dem persönlichen Heil und Wohl im Einklang stehen.

An die Adresse der verantwortlichen Brüder, der Minister und Knechte selbst richtet Franziskus einen eindringlichen Appell: Sie seien Hüter der eigenen Seele und der Seelen der anderen. Vor dem letzten Gericht werden sie Rechenschaft ablegen müssen, ob sie diese hütende, be*hut*same Aufgabe der einfühlenden Liebe wahrgenommen haben.

Einfühlende Liebe

Wenn man den Text des Bruderschaftsstatutes aufmerksam liest, dann entdeckt man diese neue Qualität, welche die zwischenmenschlichen Beziehungen bestimmt.

Gehorsam, wie ihn Franziskus versteht, ist Sensibilität, hellhöriges Verwiesensein auf den anderen, kritisches Auseinanderhalten von dem, was dem eigenen und dem Heil und Wohl der anderen dient, und dem, was ihm schadet. Jeder soll hörend und sehend auf die anderen verwiesen leben, Phantasie entwickeln in der Gestaltung der Beziehungen, damit allen gedient ist.

Dann spricht Franziskus auch von einem guten Maßstab dieser Einfühlung: Man soll doch sich selbst befragen, wie man behandelt sein möchte – und genau so soll man sich zum anderen verhalten. Jeder soll in sich hineinfühlen und dann das, was er selbst braucht, dem anderen zukommen lassen.

Die Fehler und Sünden der Brüder sollen möglichst kühl wahrgenommen werden. Sie gehören nun einmal zur menschlichen Gemeinschaft. Und da hat es keinen Sinn, daß man sich ereifert, zumal diese Ereiferung an der Tatsache der eigenen Fehlerhaftigkeit vorbeisieht.

Der wahre Gehorsam

Nochmals: Es geht in der brüderlichen Verwiesenheit um Gehorsam. Gehorsam aber ist nur ein anderes Wort für Liebe. Liebende Einfühlung und hinhörende Bereitschaft ist alles, was nötig ist. Selbst dann, wenn man sich nicht mehr in der Lage sieht, die franziskanische Berufung an einem bestimmten Ort oder in einem bestimmten Kontext zu leben. Dann soll man halt zum verantwortlichen Bruder gehen und im Gespräch herausfinden, wie es nun weitergeht.

Gehorsam ist also das Wort, das dasteht für Bruderschaft, Gemeinschaft, Geschwisterlichkeit, für ein Verhalten, das sich an Jesus orientiert – gerade in der Gestaltung der menschlichen Beziehungen. Darum bemißt sich Fluch oder Segen daran, ob man dies verstanden hat oder nicht.

V

Brief an einen Diener

1 Lieber Bruder X, Lieber Diener!
Der Herr segne Dich.

2 Du hast mir von den Schwierigkeiten geschrieben, in die Deine Seele in der Ausübung Deines Dienstes geraten ist. Ich antworte Dir, so gut ich es kann: Alles mußt Du als Gnade und Chance anschauen, auch das, was Dich hindert, Gott den Herrn zu lieben, ja gerade die Brüder und all die anderen, die Dir Steine in den Weg legen, selbst wenn sie Dich schlagen sollten.

3 Nimm diese Situation freiwillig an und suche keine andere.

4 Nimm sie an im wahren Gehorsam gegenüber Gott dem Herrn und gegenüber mir. Denn ich weiß mit Bestimmtheit, daß das der wahre Gehorsam ist.

5 Und liebe alle, die Dir solches antun.

6 Und verlange nichts anderes von ihnen, nur so viel, wie Gott Dir geben will.

7 Und liebe sie trotz allem, was sie Dir antun. Gib den Willen auf, daß sie bessere Christen seien.

8 Und das ist viel mehr als die Einsiedelei (weil Du dort unter Umständen nur einem selbstgemachten Gott begegnest, in der Begegnung mit Deinen Brüdern aber dem Geheimnis Gottes selbst).

9 Daran will ich erkennen, ob Du Gott und mich, seinen und Deinen Diener, liebst. Mit anderen Worten: Es darf auf der Welt keinen einzigen Bruder geben, der gesündigt hat, so schwer er nur sündigen konnte, der ohne Barmherzigkeit von Dir weggehen müßte, wenn er in Deine Augen geschaut hat.

10 Und wenn er keine Barmherzigkeit will, dann frage Du ihn, ob er Barmherzigkeit will.

11 Und wenn er noch tausendmal gesündigt hätte – und das sogar vor Deinen Augen –, habe ihn noch viel mehr lieb, als Du mich lieb hast. So wirst Du ihn zum Herrn ziehen. Und habe immer Erbarmen mit solchen Brüdern.

12 Wenn Du Gelegenheit dazu hast, sag allen Brüdern, die für eine kleine Brüdergemeinschaft wache Sorge zu tragen haben, daß Du von nun an so und nicht anders handeln willst.

13 Was aber die tödlichen Sünden betrifft, von denen in der Regel in verschiedenen Kapiteln die Rede ist: Wir wollen mit Gottes Hilfe und mit dem Rat der Brüder an der kommenden Pfingstversammlung ein neues Kapitel mit folgendem Inhalt beschließen:

14 Wenn ein Bruder – durch den Feind veranlaßt – eine tödliche Sünde begangen hat, dann ist er im Namen des Gehorsams verpflichtet, den Bruder, der für eine Brüdergemeinschaft wache Sorge zu tragen hat, um Hilfe zu bitten.

15 Alle Brüder, die um die Sünde des Bruders wissen, sollen ihm keine Vorwürfe machen und auch nicht herabsetzend über ihn reden. Sie sollen ihn vielmehr mit großer Barmherzigkeit umgeben, und sie sollen die Sünde ihres Bruders privat und geheim halten. Denn „nicht für die Gesunden ist der Arzt da, sondern für die Kranken“ (Mt 9,12).

16 Sie sollen ebenso im Gehorsam verpflichtet sein, ihn zum Bruder zu schicken, der für die Brüdergemeinschaft der betreffenden Region wache Sorge zu tragen hat. Und ein Bruder soll ihn dabei begleiten.

17 Und der Bruder, der für die Brüdergemeinschaft der Region wache Sorge zu tragen hat, soll barmherzig sein und für alles so sorgen, wie er es haben möchte, wenn er in einer vergleichbaren Situation wäre.

18 Wenn ein Bruder dagegen eine leichte Sünde begeht, dann soll er bei einem seiner Brüder beichten, der Priester ist.

19 Wenn aber kein Priester am Ort ist, soll er seinem Bruder beichten, bis ein Priester zur Verfügung steht, der ihn rechtlich von seinen Sünden losspricht, wie gesagt wurde.

20 Diese aber sollen keine Vollmacht haben und keine andere Buße aufgeben dürfen als zu sagen: „Geh und sündige fortan nicht mehr“ (Joh 8,11).

21 Damit dieses Schriftstück größere Beachtung findet, trage es bei Dir bis Pfingsten, wo Du Dich ja mit Deinen Brüdern versammelst.

22 Und dies und alle anderen Mängel in der Regel werdet ihr dann mit Gottes Hilfe sorgfältig besprechen.

Der Einzelne und die Gemeinschaft

Der Brief des hl. Franz an einen Minister gilt als literarisches Meisterwerk (Auerbach) und wird von den Franziskusforschern ganz allgemein hoch eingeschätzt. Er ist nach K. Esser ein „für die Geschichte des Ordens, für die Spiritualität des hl. Franziskus wichtiges Dokument“ (Studien, 325), Nach Herrera-Carmona ein „Demokratiebrief im besten Sinne des Wortes“ (312) und „ein Lied der Liebe“ (317).

Im Rahmen des konziliaren Prozesses „Frieden, Gerechtigkeit und Bewahrung der Schöpfung“ scheint mir dieser Text eine geeignete Grundlage zu sein, um unser Miteinander und die Art unserer Beziehungen zu bedenken. Ich habe den Brief neu übersetzt, und zwar so, daß er eigentlich unmittelbar verständlich sein müßte.

Adressat und Datierung

Man ist sich, so weit ich das sehe, heute allgemein einig, daß der Brief an einen unbekannten Provinzialminister geschrieben ist, und zwar *vor* der Nichtbullierten Regel (1221). Dieser Konsens beruht auf der Beweisführung K. Essers, der die verschiedenen vorausgehenden Hypothesen zurückwies.

Peter Cathanii (Eduard von Alençon) bzw. *Br. Elias* (P. Sabatier, W. Goetz), die beiden Generalvikare nach dem Rücktritt des hl. Franz im Jahre 1220, kämen an sich als Adressaten in Frage, wenn nicht, wie schon L. Lemmens gezeigt hätte, der Satz 21 „wo Du Dich ja mit Deinen Brüdern versammelst“ eher auf einen Provinzialminister hinweisen würde. Der handschriftliche Befund, wonach zehn Handschriften für einen Generalminister sprechen, sei zu äußerlich und zu eng, als daß er ernst zu nehmen sei. Man müsse allein auf den Inhalt abstellen! Nach einer genauen Analyse desselben datiert K. Esser den Brief entgegen der bisher allgemein angenommenen Auffassung, die sich auf die Jahre zwischen 1221 und 1223 festlegte, auf 1219. Ich muß gestehen, daß mir diese Argumentation nicht einleuchtet.

1. Ein erstes Argument bezieht Esser auf den Satz 13 des Briefes. Da ist die Rede „von allen“ bzw., wie ich übersetzt habe, „verschiedenen Kapiteln“, in denen von tödlichen Sünden die Rede ist. Die Nichtbullierte Regel kenne aber, sagt Esser, nur zwei Kapitel (13 und 19), in denen von Sünden die Rede sei, die den Ausschluß aus dem Orden zur Folge haben müßten.

Diese Verbindung von „Todsünden“ bzw. „tödlichen Sünden“, wie ich übersetzte, um die abgegriffene Terminologie aufzubrechen, mit Sünden, die den Ausschluß aus der Bruderschaft zur Folge haben, ist nicht zwingend, wie übrigens im Testament auch nicht zwingend von einem Ausschluß aus dem Orden gesprochen wird. Die Nichtbullierte Regel spricht darüber hinaus in verschiedenen Zusammenhängen von Themen, die in unserem Brief zur Sprache kommen:

– von der grundsätzlichen Güte, mit welcher die Brüder Menschen begegnen sollen, die nicht nach dem Evangelium leben (2,14f) bzw. Böses tun (17,19; vgl. Satz 9);

– von der Möglichkeit, daß ein Provinzialminister oder einfacher Bruder „fleischlich und nicht geistlich wandelt“, was durchaus eine Umschreibung für tödliche Sünden sein kann (5,4);

– von einer dreimaligen Ermahnung und einer erst nachher zu erfolgenden Anzeige beim Generalminister anläßlich des Pfingstkapitels (5,4), wenn es sich um einen Provinzialminister handelt, bzw. um eine Hinführung zum Provinzialminister, wenn es ein einfacher Bruder ist (5,5);

– von einer Verfahrensweise, die vor dem Antlitz Gottes bestehen kann (5,6);

– vom geistlichen Beistand, welche der fehlende Bruder durch die anderen Brüder erfahren solle (5,8);

– von der Aufgabe, sich durch die Sünde eines Bruders nicht zu weiteren Sünden provozieren zu lassen (5,7);

– vom „wahren und heiligen Gehorsam“ (5,15: vgl. Satz 4);

– von der Möglichkeit, „von den Geboten Gottes abzuweichen“, was offenbar gleichbedeutend ist mit „außerhalb des Gehorsams leben“ – mit der Folge, daß sie sich als Verfluchte betrachten sollen (5,16);

– von der Zuflucht, die ein Bruder bei seinem Provinzialminister suchen soll, wenn er die gewählte Lebensform nicht mehr realisieren kann (6,1);

– vom „Prinzip der vergleichbaren Situation“, in die ein Minister kommen kann und die darum zu bedenken ist, wenn ein Bruder seine Hilfe sucht (6,2; = Satz 17);

– von kranken Brüdern, die im Fleische wandeln (10);

– von der Beichte, die auch vor einem Laienbruder abgelegt werden kann, wenn kein Ordens- oder Weltpriester zur Verfügung steht (20; vgl. Satz 18ff);

Wenn ich die beiden Kapitel 13 und 19 hinzunehme, in denen von Ausschluß aus dem Orden die Rede ist, dann ergeben sich insgesamt acht Kapitel, in denen bedeutsame Aspekte – insgesamt 16! – zum Thema „Todsünden“ bzw. „Sünde“ zu Wort kommen. Damit dürfte sich eine Zusammenfassung in einem einzigen Kapitel geradezu aufdrängen.

2. Nach K. Esser hat der Brief deutliche Spuren in der Nichtbullierten und Bullierten Regel hinterlassen. Die Veränderungen seien auf den Prozeß zurückzuführen, der bei den Beratungen in der Bruderschaft stattgefunden habe (Satz 13). In Kapitel 20 der Nichtbullierten Regel habe der Vorschlag des heiligen Franz eine „theologische und kanonistisch korrekte Form gefunden“. Darnach sei „der Brief nicht mehr nötig gewesen. Die Sache war entsprechend geregelt“ (Studien, 327).

Auch hier überzeugt mich K. Esser nicht. Daß eine Zusammenfassung der Bestimmungen der Nichtbullierten Regel durchaus immer noch ein Postulat sein konnte, habe ich bereits gezeigt. Ich könnte mir sogar denken, daß Franziskus die beiden Regeln hätte korrigieren wollen. So ist doch der

Satz 20 ganz eindeutig eine Einschränkung der priesterlichen Vollmacht auf einen bloßen Gnadenakt, und von Ausschluß und Strafe ist nirgendwo die Rede. Daß Franziskus die Regel nicht als abgeschlossenen Text betrachtete, sondern – entgegen den Vorstellungen der Kurie und des Ordens – auch weitere Regeleingriffe für möglich bzw. notwendig hielt, zeigt die Bemerkung, daß Franziskus den Heiligen Geist als eigentlichen Generalminister betrachtete und dies in die Bullierte Regel einfügen wollte (2 Cel 193). Ein solcher Eingriff in die Regel sollte nach der Textsammlung von Perugia (Nr. 108) auch erfolgen, um die Eucharistie als besondere Missionsaufgabe zu unterstreichen. Diesmal waren es die Provinzialminister, welche ein solches Regelmandat ablehnten. Ich denke, daß damit die Möglichkeit eines nachträglichen Eingriffs in die Regel durchaus gegeben ist. Es bräuchte dafür nur eine plausible Situation. Ich würde auch das Testament nicht als Argument gegen eine solche Möglichkeit ins Feld führen. Wenn auch zuzugeben ist, daß Franziskus hier in einem großen Widerspruch zu unserem Brief steht – im Testament ist wohl von Barmherzigkeit gegenüber dem Aussätzigen die Rede, nicht aber gegenüber dem häresieverdächtigen Bruder! –, so heißt das nicht, daß Franziskus nicht trotzdem einen solchen Brief kurz vor dem Testament hätte schreiben können. Denn Franziskus schreibt aus konkreten Situationen heraus!

3. Das dritte Argument ist der Ausdruck in Satz 21 „mit Deinen Brüdern". Denn die allgemeine Kapitelsteilnahme der Brüder wurde 1221 neu geordnet; von da an nehmen nur noch die Provinzialminister an Generalkapiteln teil.

Das Argument lebt von einer doppelten Annahme. Einmal, daß der Minister ein Provinzialminister ist, und dann, daß „mit Deinen Brüdern" gleichbedeutend ist mit „allen Mitgliedern Deiner Provinz". Wenn die erste Annahme falsch ist, dann kann „mit Deinen Brüdern" auch heißen „mit Deinen Brüdern", die am Kapitel teilnehmen. Ohne ein Amt zu haben, spricht z.B. auch Franziskus noch im Testament (Satz 34) von „allen meinen Brüdern". Der gleiche Ausdruck kommt auch im Brief an den Orden vor (Satz 38, den Esser in das Jahr 1225 datiert). Interessant ist hier auch, daß der Brief – ähnlich wie in unserem Text – von einem „Generalminister H" spricht (Sätze 2 und 38). Diesmal ist ohne Zweifel Bruder *H*elias gemeint. Welche Logik fordert im Falle der allgemeinen Kapitelsteilnahme eigentlich die besondere Erwähnung der Brüder, welche einen Provinzialminister ans Kapitel begleiten? Eine solche Äußerung steht doch funktionslos da. Anders ist es, wenn Franziskus einen Generalminister anspricht, der mit „seinen Brüdern" sich zum Kapitel versammelt. Dies behält seinen guten Sinn, gerade wenn der Generalminister gemeint ist.

4. Das vierte Argument berührt das Verhältnis, welches Franziskus mit dem Minister verbindet. Franziskus nennt sich „servus", was gleichviel sei wie „Generalminister". Zudem sei der Minister „in einem klaren Obedienzverhältnis" zu Franziskus. Denn dieser würde ein vorausgegangenes „Rücktrittsgesuch" des Ministers ablehnen. 1220 sei Franziskus jedoch von seinem Amt zurückgetreten, an seine Stelle sei zuerst Peter Cathanii und dann Elias getreten.

Auch dieses Argument sticht nicht. Denn erstens hat Franziskus sich bis zuletzt als „servus" bezeichnet (vgl. Test 41). Und zweitens hat er sich trotz seines Rücktritts als spirituellen Bezugspunkt verstanden und auch immer eine Sprache geführt, welche, wenn man es nicht anders wüßte, ein „Obedienzverhältnis" postulierte. So erteilt er dem Bruder Antonius (vgl. BrAnt: von K. Esser auf 1224 datiert) das „Placet" für die Unterweisung der Theologie und dem Bruder Leo die Erlaubnis, „wie immer es ihm besser erscheint" dem Evangelium zu leben (BrLeo). Und noch im Testament „befiehlt er streng im Gehorsam" (38), und in allen übrigen Schriften spricht er eine zum Teil sehr „autoritäre" Sprache.

5. Das fünfte Argument schließt an die Amtsbezeichnungen an, betrifft aber nur den Termin, nach dem der Brief ge-

schrieben sein muß. Da von einem „custos" die Rede ist, was gleichviel wie „Provinzialminister" bedeutet, muß der Brief nach 1217 geschrieben sein. Denn erst in diesem Jahr ist die Bruderschaft in Provinzen eingeteilt worden.

Dem kann ich mich anschließen. Nur möchte ich hinzufügen, daß es wenig wahrscheinlich ist, daß Franziskus zwei verschiedene Bezeichnungen für ein und dasselbe Amt in einem Brief verwendet: Minister und Custos. Die erste Bezeichnung würde ich dann vielleicht doch eher auf das Amt des Generalministers beziehen.

Wenn mich die Beweisführung K. Essers nicht überzeugt, so auch deshalb, weil verschiedene Aspekte nicht in die Argumentation einbezogen sind.

1. Zunächst möchte ich auf den wohl befremdlichen Sachverhalt hinweisen, daß Franziskus, wenn denn K. Esser recht hat, ein Kapitelstraktandum vorschlägt, und zwar nicht etwa gegenüber dem dafür zuständigen Generalminister, sondern einem Provinzialminister. Der normale Weg wäre doch, daß sich Franziskus an den Generalminister wendet. Nur unter dieser Voraussetzung geht Franziskus sicher, daß das Schriftstück „eine größere Beachtung findet" (Satz 21).

2. Die noch größere Beachtung hätte sein Vorschlag wohl gefunden, wenn ihn Franziskus am Kapitel persönlich vortragen würde. Nun muß man aber voraussetzen, daß Franziskus am Kapitel selbst gar nicht teilnehmen kann (vgl. Satz 22, wo doch eigentlich „wir" stehen müßte). Das wird wegen der stets zunehmenden Schwäche und Krankheit erst nach 1221 – bis dahin war er ja immer dabei – der Fall sein. Aus diesem Grunde würde ich den Abfassungstermin eher näher an das Todesjahr heranrücken.

3. Ich denke, daß die geistliche Erfahrung, die zum Sonnengesang geführt hat (dunkle Nacht und dann die Erfahrung allseitiger Versöhnung und der eigenen Annahme durch Gott), oder das La Verna-Erlebnis wohl eine psychologisch günstige Situation geschaffen hat, aus der heraus Franziskus das allseitige Erbarmen Gottes verkünden könnte. Dem wi-

derspricht nicht, wie ich bereits gesagt habe, das „erbarmungslose“ Vorgehen des heiligen Franz im Testament. Denn hier haben wir es mit einer heftigen Reaktion auf eine ganz andere Situation zu tun. Dieser Widerspruch des Testamentes zu anderen Schriftstücken des Heiligen ist ja auch in anderen Fällen offensichtlich (vgl. etwa die Aussagen zum Gehorsam in der Regel oder im Brief an Bruder Leo und jene im Testament).

Inhalt

Viel wichtiger als die Frage der Datierung ist der Inhalt des Briefes. „Wenn wir gefragt würden, welchen Titel wir diesem Brief geben würden, dann würden wir ohne Zögern sagen ‚*Barmherzigkeit*‘; denn dies ist der vollkommene Akkord, der dem Brief zugrunde liegt, und das Grundthema, das ihn bestimmt. Wir haben es mit einem der wichtigsten Dokumente, wenn nicht dem wichtigsten überhaupt zu tun“, das Franziskus geschrieben hat (Herrera-Carmona, 312).

Wie wollen uns den drei grundlegenden Aspekten dieses Briefes zuwenden.

1. Schwierigkeiten als Chance und Umgang mit Konflikten

Ich gehe also davon aus, daß der Brief an Bruder Elias gerichtet ist, der die *ordensinternen Spannungen nicht nur äußerlich sondern ganz persönlich und konkret, ja existentiell und bedrohlich erfahren hat.* Im lateinischen Text (Satz 2) ist vom „factum animae tuae“ die Rede, also von einer seelischen Grundverfassung, die der besonderen Zuwendung und Aufmerksamkeit des Mitmenschen bedarf.

In dieser Situation wendet sich Elias an Franziskus. Er zeigt ihm die innere Not, in der er lebt – ganz entsprechend der Regel, wo es heißt, daß ein Bruder dem Mitbruder seine „necessitas“, seine innere und äußere Not also, offenlegen soll (NbReg 9,10) Ich erinnere daran, daß wir ein ähnliches Offenlegen innerer Not auch im Brief an Bruder Leo und darin auch ein ähnlich „mütterliches“ Verhalten des heiligen Franz vorfinden.

Die Zwänge, die über den Bruder gekommen sind, werden im Text klar und eindeutig beschrieben: Da gibt es Brüder, welche ihm Steine in den Weg legen, wo sie nur können. Lauter Hindernisse, so weit der Bruder sieht! Sogar handgreifliche Auseinandersetzungen, Schläge, sind als Möglichkeit, wenn auch nicht mit Sicherheit, gegeben (Satz 2). Der Konflikt ist – so erfährt es Bruder Elias oder wer immer es ist – permanent, unausweichlich, von so grundsätzlicher Art, daß sich keine andere Lösung mehr zeigt, als auszusteigen und von Amt und Aufgabe zurückzutreten.

In diese subjektiv verworrene und im Grunde hoffnungslose Situation hinein spricht Franziskus zunächst ein *formales Wort.* Der Ton ist Liebe, persönliche Zuwendung, neues Vertrauen: Er gibt ihm für das kommende Kapitel einen persönlich wichtigen Auftrag (Sätze 12 und 21). Die häufigsten Worte sind „Barmherzigkeit“ (6mal), „Liebe“ (5mal) – und es kann kein Zweifel sein, daß der Bruder, an den der Brief adressiert ist, diese Barmherzigkeit und Liebe, die mütterliche Zuwendung des heiligen Franz, ganz persönlich verstand und sich angenommen wußte. Ohne diesen Grundton hätte wohl der Inhalt keine Chance gehabt, angenommen zu werden. „Der Mensch, der diese hastigen Zeilen schrieb, ist augenscheinlich so hingerissen von seinem Gegenstand, derselbe erfüllt ihn so vollkommen, und das Bedürfnis, sich mitzuteilen und verstanden zu werden, ist so überwältigend, daß die Parataxe zu einer Waffe der Beredsamkeit wird: wie die immer neu sich bildenden gewaltigen Wellen einer starken Brandung schlagen die Et-Sätze aus dem Herzen des Heiligen gegen das des Adressaten“ (Auerbach, 161).

Das *inhaltliche Wort* ist nun ganz überraschend. Franziskus deutet die Konfliktsituation *objektiv, theologisch:* „Alles mußt Du als Gnade und Chance anschauen.“ Objektiv gesehen, von der christlichen Grundannahme der Menschwerdung Gottes aus, gibt es den Unterschied von „sakral“ und „profan“ nicht mehr. E. Auerbach hat, das muß hier zum Verständnis gesagt werden, nachgewiesen, daß die Menschwerdung Gottes in einem allmählichen, aber fortschreitenden jahrhundertewährenden Prozeß auch die Sprachform verändert und damit auch die Weltdeutung schlechthin. Für diese christliche Sprachform und Weltdeutung ist Franz von Assisi ein besonders hervorragendes Beispiel. Er ist „eine Gestalt, in der sich die hier [in diesem Buch: A. R.] in Rede stehende Mischung von sublimitas und humilitas, von ekstatischer Gottverbundenheit und demütig-konkreter Alltäglichkeit auf beispielhafte Weise verkörpert“ (156). Gott zeigt sich „im alltäglichen Lauf der Dinge“, „im alltäglichen Getriebe zwischen beliebigen Personen“, mitten unter den Menschen, „in den Weltgeschäften“ ebensosehr wie in der Einsiedelei oder in einer Kirche. Die „radikale und praktische Nachahmung Christi hatte in Europa, seit es keine Märtyrer des Glaubens mehr gab, eine vorwiegend mystisch-kontemplative Form angenommen; Franziskus gab ihr eine Wendung zum Praktischen, Alltäglichen, Öffentlichen und Volkstümlichen“ (Auerbach, 156). Gerade in der „Welt“, im Konflikt, will Gott offenbar werden, gerade in den Auseinandersetzungen will das Antlitz Gottes gesucht werden.

Dieser theologischen Interpretation entspricht auch eine *psychologische.* Wir wachsen eigentlich, wie die moderne Psychologie zeigt, nur aufgrund der Herausforderungen, denen wir begegnen. Erst die Reibung im gesellschaftlichen Umfeld bringt das persönliche Profil hervor. Freilich kennt die Psychologie auch die Überforderung. Aber wann ist diese gegeben? Ich nehme an, daß Franziskus zwischen Herausforderung und Überforderung zu unterscheiden wußte.

Sowohl die theologische als auch die psychologische Deutung des Konfliktes führen also dazu, daß nicht die Flucht die Lösung bringt, sondern das *Bleiben in der Konfliktsituation.* Die Alternative ist also nicht unbedingt eine topographische, also äußere Veränderung, die Einsiedelei statt die

Gemeinschaft der Menschen – das könnte höchstens im Falle der Überforderung eine Lösung sein –, sondern eine innere Einstellungs- und Verhaltensänderung. „Nimm diese Situation an und suche keine andere“ (Satz 3). Wie haben die Möglichkeit, durch eine *Veränderung der Einstellung* auch die Situation zu verändern. Wir müssen uns übereignen, in die Situation hineinbegeben, sie als Ort der Chance und Gnade einschätzen und akzeptieren.

Franziskus ist sich dieser objektiven Einschätzung der Situation als Ort der Gottbegegnung sicher. Darum kann er für diesen inneren Prozeß der Annahme und Bejahung einer Konfliktsituation die geistliche Kategorie „*Gehorsam*“ in Anspruch nehmen, so sehr, daß er sogar das Adjektiv „wahr“ hinzufügt. Eine Konfliktsituation ist – sogar mehr als alles andere – eine, ja die eigentliche Gehorsamssituation. *Situationsgehorsam* könnten wir sagen oder noch besser: „*Beziehungsgehorsam*“. Der letzte Gehorsam gegenüber Gott zeigt sich in der Art und Weise, wie wir uns in die täglichen Beziehungsprobleme hineinbegeben. Und – das ist zu unterstreichen – dieser Gehorsam gegenüber Gott zeigt sich vor allem auch, ja gerade in den Widerständen, Reibungen, Konflikten, die sich im Geflecht der Beziehungen notwendigerweise einstellen müssen. Gerade auch der schwierige Bruder, der Mitmensch, der Probleme schafft und Schwierigkeiten macht, ist der Ort der Gottbegegnung. Deswegen zögert Franziskus auch nicht, diesen Gehorsam mit der Liebe zu identifizieren (Satz 5).

Man muß das noch einmal anders sagen: denn die Tendenzen zur Flucht aus der Wirklichkeit, aus der sozialen Umwelt, in der wir eingebettet sind, aus den vielfältigen Konflikten des Lebens sind übergroß in uns. Wir können diesen Fluchttendenzen sogar noch ein religiöses Mäntelchen umhängen: Meditation, Haus der Stille, Kontemplation, Innerlichkeit usw. Ich glaube nicht, daß Franziskus in Gefahr ist, den Wert dieser notwendigen und unersetzbaren geistlichen Dimension zu unterschätzen. Der Zug zum kontemplativen Leben in der Einsiedelei ist, wie Oktavian Schmucki in vielen

Untersuchungen gezeigt hat, unverkennbar. Und ich selbst bin sogar der Überzeugung, daß wir viel zu sehr angepaßt sind und viel zuwenig Kontakt pflegen mit unserer Innerlichkeit. Was hier zu betonen ist, ist dies: Wir dürfen nicht als Alternativen betrachten, was als Einheit zu denken und zu leben ist – wenn auch in den verschiedenen Lebensformen verschieden akzentuiert und ausgeprägt. Es gibt keinen Weg an der Wirklichkeitsbewältigung und -gestaltung vorbei. Die Menschwerdung Gottes ist mystische Gnade und politische Aufgabe. Wir müssen also in der konkreten, konfliktgeladenen Welt bleiben und die sozialen Beziehungen als Chance und Gnade, als Ort der Gottbegegnung betrachten.

Was uns also nottut angesichts solcher Deutung, ist *eine Methodik der Konfliktbewältigung und der grundsätzlichen Dialogfähigkeit.* Ich hoffe, daß wir gemeinsam in einen diesbezüglichen Lernprozeß hineinkommen.

2. *Wünsche – was sie für uns bedeuten und wie wir mit ihnen umgehen*

E. Auerbach meint: „Der Inhalt dieses Briefes ist eine bis zu dem äußersten Grenzfall hochgetriebene Lehre, dem Übel nicht auszuweichen und ihm sich nicht zu widersetzen; eine Beschwörung, nicht etwa die Welt zu verlassen, sondern sich mitten in ihre Qual zu mischen und das Böse leidenschaftlich zu leiden; ja er soll es sich nicht anders wünschen . . . Franz geht dabei bis zu einem moraltheologisch schon beinah bedenklichen Extrem, wenn er schreibt: ‚et in hoc dilige eos et non velis quod sint meliores Christiani‘ – denn darf man, der eigenen Prüfung durch Leiden zuliebe, den Wunsch, der Nächste möchte ein besserer Christ sein, unterdrücken? Nur in der Unterwerfung unter das Böse kann nach seiner Überzeugung sich die Kraft der Liebe und des Gehorsams erweisen . . . Das Extreme dieser Auffassung drückt sich sprachlich aus: in den vielen Demonstrativen, welche den Sinn haben: gerade dies und nichts anderes . . . Die ganz unliterarische, der gesprochenen Sprache nah verwandte Unmittelbarkeit des Ausdrucks unterstützt also einen sehr radikalen Inhalt. Zwar ist dieser nicht neu, denn von Anfang an ist das In-der-Welt-Leiden und Sich-dem-Bösen-Unterwerfen eines der christlichen Hauptmotive; aber die Akzente werden neu gesetzt; das Leiden und Sich-Unterwerfen ist nicht mehr ein pathetisches Märtyrertum, sondern ein unablässiges Sich-Demütigen" (161). Ich weiß nicht, ob E. Auerbach hier bis in alle Formulierungen hinein recht hat. Sicher geht es nicht um eine Art „Masochismus", den man doch hinter solchen Sätzen vermuten müßte, nicht um Leiden um des Leidens willen, um sich auf solche Weise zu heiligen. Nichts in diesem Text bietet einen Ansatz für eine Methode der Selbstvervollkommnung. *Es geht um Gottbegegnung, nicht um Selbstheiligung.* Ebensowenig ist die Rede von Unterwerfung unter das Böse, sondern von Gehorsam gegenüber Gott, von Gnade und Chance, welche mit der konkreten Welt gegeben sind. Höchstens können wir in dieser Unterwerfung bzw. im Leiden des Bösen, des Konfliktes, einen Hinweis auf die franziskanische „patientia", auf die Geduld und auf die damit notwendig gegebene Leidensfähigkeit, sehen. Vielleicht können wir darin sogar einen Aspekt der Gewaltlosigkeit erblicken. Denn wer die innere Widerstandskraft als Geduld und Beharrlichkeit im Konflikt äußert, entspricht der christlich-ghandischen Wertvorstellung der Gewaltlosigkeit.

Wenn wir den Text aber genau anschauen, dann tritt etwas anderes in den Vordergrund: Im Grunde geht es in diesem Brief um eine *Ökonomie des Wunsches*, also nicht um Unterdrückung der Wünsche, sondern um den richtigen Umgang mit ihnen, um die Gestaltung von Freiheit und Entscheidung, um die Einheit von Freiheit und Gehorsam: Im Brief kommt das Wort „velle"=wollen/wünschen sechsmal vor, was vielleicht in der vorliegenden Übersetzung nicht immer deutlich erkennbar ist:

1. „Nimm diese Situation in Freiheit an und suche keine andere" (Satz 3). Was Franziskus empfiehlt, ist also *die ent-*

schiedene Annahme konkreter Konflikte bzw. die Orientierung der Wünsche an den konkreten Gegebenheiten. Es geht um die Realitätsbezogenheit der Wünsche.

2. „Verlange nichts anderes von ihnen, nur so viel, wie Gott Dir geben will" (Satz 6). Was Franziskus empfiehlt, ist also *der Respekt der Andersartigkeit des anderen bzw. die Orientierung der Wünsche am Mitmenschen.* Nicht daß dieser andere unbeweglich, statisch, ein ein- für allemal festgelegter, abgeschlossener Block wäre, nein, auch er hat Möglichkeiten der Entfaltung, schöpferische Zukunft, eine nicht abgeschlossene Geschichte. Aber: Franziskus empfiehlt, daß *diese Geschichte des anderen, seine Biographie, von mir oder vom Minister nicht direktiv gelenkt wird, nicht nach eigenen Wunschvorstellungen verlaufen muß, sondern der göttlichen Dynamik überlassen bleibt.* Gerade wenn wir auf den Nächsten blicken, dürfen wir mit Gott rechnen und mit dem Blick auf den, der in allem an-west, hoffen, daß der andere sich verändert. Gerade der gläubige Mensch kann die auf die Mitmenschen bezogenen Wünsche von Gott her relativieren, sogar loslassen.

3. „Gib den Willen auf, daß sie bessere Christen seien" (Satz 7). Was Franziskus empfiehlt, ist also nicht, wie E. Auerbach sagt, ein moraltheologisch bedenkliches Prinzip, sondern gerade eine *ethisch hochstehende Vorstellung: daß wir als franziskanische Menschen die Freiheit und Würde des anderen so sehr achten und respektieren, daß wir ihn auch noch in seiner „Bösartigkeit" akzeptieren.* Wir müssen ihm die Freiheit lassen, so zu sein, wie er nun einmal ist, oder anders zu werden, wenn er das aus eigener Einsicht will. Wir müssen die Zwänge aufgeben, die damit verbunden sind, andere anders zu haben, als sie nun einmal sind. Diese Vorstellung des heiligen Franz führt die spanischen Herausgeber der „Schriften" zur Feststellung, daß dieser Brief ein *„Demokratiebrief"* ist. Tatsächlich kann Demokratie und geschwisterliche Gemeinschaft nur funktionieren, wenn die einzelnen

Menschen und Gruppen die *Toleranz* aufbringen, anderen ihre Meinung zu lassen und auch ihre Verschiedenartigkeit anzunehmen. *Das Kräftespiel der Meinungen und Wertvorstellungen allein entspricht einer Gemeinschaft, in der geschwisterliche Beziehungen herrschen sollen.* Hier haben gerade religiöse Menschen noch viel zu lernen: Die einen sprechen sofort von Blasphemie, wenn etwas nicht ihren religiösen Vorstellungen entspricht, die anderen wollen fundamentalistisch alles über einen Leisten schlagen. Voltaire hat am 6. 2. 1770 an Abbé Le Riche geschrieben: „Herr Abbé, ich verabscheue, was Sie schreiben, aber ich würde mein Leben dafür geben, daß sie weiter schreiben können." Es mag uns vieles nicht gefallen, aber es ist christlicher, daß auch das, was uns nicht gefällt, wächst und sich entfaltet, als wenn es unterdrückt und ausgerottet wird. Es ist noch viel Einsicht und Kraft nötig, was die Gestaltung unserer Wünsche anlangt, besonders wenn sie sich auf die Moral und die Religiosität beziehen. Daß eine solche Gelassenheit nicht gleichbedeutend sein muß mit Gleichgültigkeit, zeigt die Inschrift, welche der indische König Aschoka, der im dritten Jahrhundert vor Christus dem Buddhismus zum Durchbruch als Weltreligion verhalf, in Fels meißeln ließ: „Andere Religionsgemeinschaften sollen bei jeder Gelegenheit geehrt werden. Wenn man so handelt, fördert man seine eigene Religion und erweist anderen Gutes. Im anderen Falle schlägt man seine eigene Religion und fügt der anderen Übles zu, denn wer immer seine eigene Religion preist und die andern tadelt, und zwar alles aus Zuneigung zu seiner eigenen Religion, der schädigt, wenn er so handelt, seine eigene Religionsgemeinschaft um so mehr. Eintracht allein ist darum gut, nämlich, daß einer des anderen religiösen Lehre höre und gern höre" (E. Meili, Radiopredigt am DRS vom 3. Sept. 1989). *Die subjektive Entscheidung für eine konkrete Religion bzw. die personal-mystische Erfahrung Gottes innerhalb einer bestimmten Religion bringt die Toleranz geradezu hervor.*

Nun ist freilich darüber hinaus zu bedenken, daß Franziskus offensichtlich ein verfehltes bzw. mangelhaftes Christentum vor Augen hat. Auch diesbezüglich sollen unsere Wünsche frei und tolerant-gelassen werden. Wie dies zu verbinden ist mit dem offensichtlichen Missionsauftrag des heiligen Franz, ist eine andere Frage und beantwortet sich vielleicht im Laufe der weiteren Exegese des Briefes.

4. „Daran will ich erkennen, ob Du Gott und mich liebst" (Satz 9). Hier stellt sich Franziskus selbst dar als einer, der seinen Wünschen ein Maß setzt. Vielleicht steht dieser Satz sogar im Widerspruch zur ebengenannten Wunschlosigkeit. Denn Franziskus bemißt die Liebe seines Bruders zu Gott und zu ihm, Franziskus, an der Wunschlosigkeit gegenüber seinen Mitbrüdern bzw. an seiner Gelassenheit gegenüber deren Mängeln und Sünden. Er selbst gibt sich also gegenüber dem Minister gar nicht gleichgültig. *Er wünscht sich einen wunschlosen Minister. Er selbst hat also Wünsche, er äußert sie – und zwar auf eine Weise, daß dem Adressaten gar keine Wahl bleibt:* Die Beziehungsqualität des Ministers, seine Gottes- und Franziskusliebe, bindet sich an die wunschlose Gelassenheit und Toleranzfähigkeit des anderen.

5. „Wenn er keine Barmherzigkeit will, dann frage du ihn, ob er Barmherzigkeit will" (Satz 10). Franziskus glaubt, daß die *Nichtäußerung der Wünsche nicht identisch ist mit dem Nichtvorhandensein der Wünsche.* Wenn jemand seinen Wunsch nach Erbarmen nicht äußert, heißt das noch lange nicht, daß ein solcher Wunsch nicht da ist. Darum empfiehlt Franziskus dem Minister, *den anderen Brüdern bei der sprachlichen Geburt der Wünsche zu helfen,* sie diskret und fragend herauszufordern, ihre konkreten Nöte und Bedürfnisse zu äußern.

6. „Der Bruder soll so sorgen, wie er es haben möchte, wenn er in einer vergleichbaren Situation wäre" (Satz 17). Was Franziskus empfiehlt, ist also das *Prinzip des eigenen Maßes* oder *das Prinzip der Selbstliebe.* Die eigenen Wünsche sind

das Kriterium für das Handeln gegenüber anderen. Wie will also einer dem anderen Menschen als Mensch und Bruder begegnen, wenn er sich selbst in seinen Bedürfnissen und Nöten nicht selbst erkennt. *Die Pflege und Hege der eigenen Wünsche erweist sich somit als unbedingte Voraussetzung für eine wahrhaft menschlich-geschwisterliche Beziehungsqualität.* Umgekehrt kann an der Unmenschlichkeit abgelesen werden, wie erbarmungslos und lieblos einer mit sich selbst umgeht.

Selbstverständlich ist mit diesen namentlich genannten sechs Beispielen einer Ökonomie des Wunsches nicht alles und vielleicht nicht alles „richtig" gesagt. Aber ich hoffe, daß die nachfolgenden Angebote helfen, mit unseren eigenen Wünschen und mit den Wünschen anderer besser umzugehen.

3. Versöhnung mit uns selbst, mit den anderen und mit Gott

Die Ökonomie des Wunsches hat sehr viel mit *Liebe und Versöhnung* zu tun. Ich glaube, daß wir hier über bloß psychologische Erwägungen hinauskommen und das Eigentlich-Christliche berühren. Es geht also letztlich um eine konfliktreiche Welt, in der wir Gottes Liebe transparent machen müssen. Um es personal auszudrücken: Es geht Franziskus *um ebenso bedingungslose wie universale Vergebung und Güte* für die Menschen, welche schuldig geworden sind, um das Aufscheinen der Gnade und Menschenfreundlichkeit Gottes in den menschlichen Beziehungen. Darum darf man mit Recht von einem Liebeslied sprechen (Herrera-Carmona, 317). Der Brief nennt viermal das Wort „Liebe" und sechsmal das Wort „Barmherzigkeit":

1. Bereits im Satz 5 und dann noch einmal im Satz 7 steht der Imperativ: Liebe gerade die, welche Dir Böses antun. Franziskus ist mit der antiken Tradition einig, daß *die Liebe die eigentlich weltbewegende Kraft ist.* Die Liebe ist unbesiegbar, die „Liebe überwindet alles", sie versetzt Berge, sa-

gen und schreiben schon Sophokles und Sapho (vgl. Herrera-Carmona, 316), von Paulus (1 Kor 13) gar nicht zu reden. Wir dürfen also folgern, daß Franziskus hofft und darauf baut, daß der Konflikt überwunden und die Situation im Guten verändert wird, wenn nichts anderes als die Liebe selbst handelt. Dies wird deutlich im Satz 11, wo von der Attraktion, von der Anziehungskraft der Liebe die Rede ist. Weil die Liebe so mächtig ist, darum muß man den Menschen, der einem Böses angetan hat, noch mehr lieben als die, die man am liebsten hat, der Minister muß den sündigen Bruder noch mehr lieben als Franziskus. Wohlverstanden: Wenn von der Attraktion der Liebe gesprochen wird, dann ist diese Liebesmacht immer transpersonal, sie geht immer über den konkret Liebenden hinaus und kommt von weiter her, letztlich bezieht sie sich auf Gott, eigentlich ist Gott selbst der Liebende im Liebenden.

Die Liebe läßt sich am Vergebungswillen und an der Fähigkeit zur Barmherzigkeit erkennen (Satz 9). Die menschliche Liebesfähigkeit wird zum Ort göttlichen Erbarmens. Vielleicht müssen wir sogar noch hinzufügen, daß der einzige Ort in der Welt, an dem Gottes Vergebung und Barmherzigkeit erfahren wird, die zwischenmenschliche Liebe ist. Franziskus überläßt also die Veränderung der Welt, die Bekehrung der Menschen, die Besserung der Situationen der göttlichen Dynamik, der Liebe. Diese Liebe also ist die Macht, welche die Revolution anzettelt, welche die Welt verändert. Die Liebe ist gleichzeitig die einzige Methode, die auch wirkliche Veränderung bewirkt. Nicht die Logik der Macht, nicht Einfluß und Gewalt, nicht Befehl und Druck verändern den Menschen, sondern allein die Liebe und als konkrete Form derselben – die Barmherzigkeit. Damit dürfte sich auch der Widerspruch von Wunschlosigkeit gegenüber den Konflikten bzw. den Menschen, die Böses tun, und dem eindeutigen Missionswillen des heiligen Franz auflösen. Das Unverzweckte ist das eigentlich Weltbewegende.

2. Die so verstandene Barmherzigkeit wird dadurch zu ei-

nem Schlüsselwort, um das Spezifisch-Christliche zu unterstreichen. Vielleicht darf ich hier einschieben, daß die Bibel dieses Wort mit dem mütterlichen Verhalten in Verbindung bringt, mit dem Schoß der Mutter, der sich nach außen wendet, um Geborgenheit zu schenken. Barmherzigkeit hat darum immer mit zärtlicher Zuwendung zu tun, oder mit „Herz", wie das deutsche Wort zu erkennen gibt. Diese Barmherzigkeit bezieht Franziskus

– *auf alle und jeden:* Es darf keinen Bruder auf der ganzen Welt geben, der von der Erfahrung der Barmherzigkeit ausgeschlossen ist. Es dürfte klar sein, daß hier nicht einfach ein allgemeines Prinzip formuliert wird, sondern ein konkretes, an einen ganz bestimmten Menschen adressiertes Postulat: Barmherzigkeit wird personal vermittelt, leuchtet auf in den Augen, ereignet sich in der Art und Weise, wie jemand einen anblickt (Satz 9).

– *auf die schwerste Sünde:* Es gibt kein Eigengewicht der Sünde, an dem man messen müßte, ob sie Barmherzigkeit „verdient" oder nicht. Die Schuld kann nie ein solches Gewicht haben, daß sie nicht mehr von der Barmherzigkeit aufgehoben werden kann und – wohlverstanden – mitmenschlich, besser: geschwisterlich aufgehoben werden muß (Satz 9).

– *auf alle psychologischen Verfassungen der Sünder:* Es gibt kein konkretes Verhalten der Schuldiggewordenen, das uns dispensieren könnte von der konkreten Zusage der Barmherzigkeit. Der Mensch mag verstockt sein, nichts von Bekenntnis und Reue zeigen, keinerlei Beziehung und Wunsch äußern – wir müssen diese psychologischen Verfassungen sehen und mit der Kraft der Liebe „aufweichen" (Satz 10).

– *auf alle Fälle von „Rückfälligkeit":* Es gibt kein Bemessen der Barmherzigkeit aufgrund von hartnäckigem und wiederholtem Versagen. Selbst der tausendste Fall ist immer noch der Ort der unbedingten und bedingungslosen Barmherzigkeit (Satz 11).

– *auf alle Gemeinschaften, die sich auf das Evangelium*

berufen: Franziskus empfiehlt die Barmherzigkeit einem Minister, das heißt einem Bruder, der die Verantwortung hat für alle Brüder (wenn der Adressat, wie ich vermute, ein „Generalminister" bzw. konkret Bruder Elias wäre), oder dann einem Bruder, der verantwortlich ist für die Brüder einer bestimmten Region (Provinz). Somit erklärt Franziskus die ganze Bruderschaft bzw. ihre Teile zum Raum der Barmherzigkeit. Damit das auch der Fall ist, soll der Minister die Guardiane in die Dynamik einbeziehen, also Mitbrüder, die für eine kleine, am Anfang noch wandernde, später dann örtliche Brüdergruppe verantwortlich sind. Die kleinen und großen Einheiten der Bruderschaft sollen Erfahrungsräume der Barmherzigkeit sein (Satz 14).

– *auf jeden einzelnen Bruder:* Handelndes Subjekt der Barmherzigkeit, Vermittler und Werkzeug der Gnade und Menschenfreundlichkeit Gottes sollen nicht nur die Generale bzw. Provinziale und Guardiane sein, sondern jeder Einzelne. Jeder trägt dafür die Verantwortung, daß der Schuldige bzw. Versager oder Sünder ins Zentrum der allgemein praktizierten Barmherzigkeit rückt („circa ipsum"). Das bedingt ein entsprechendes Verhalten: die Sünde eines Bruders gehört zum Privatbereich, nicht in die Öffentlichkeit; sie soll in den gemeinschaftlichen Unterhaltungen als „tabu" betrachtet werden, auf jeden Fall nicht zum Gegenstand von Gerücht, Verleumdung und Herabsetzung werden (Satz 15). Dem Sünder soll man vielmehr positiv, konstruktiv beistehen. Er soll in seiner Sünde nicht alleingelassen werden, sondern einen Bruder als Weggenossen zur Seite haben, ja er soll von seinem Provinzial Hilfe erfahren und zwar eine solche, die an den eigenen Wünschen Maß nimmt (Satz 16 und 17). Man vergleiche die Anweisungen, die Franziskus in seinem Testament gibt. Da ist zwar ebenfalls von Begleitung und von einem ähnlichen Instanzenweg die Rede. Weggefallen ist aber das Kriterium der eigenen Wünsche und hinzugekommen das Motiv erbarmungsloser Gefangenschaft. (Test 31–33). Wie das miteinander zu vermitteln ist, ist mir nicht ganz klar.

– *auch auf leichte Sünden:* Was bisher gesagt wurde, bezieht sich auf schwere Schuld, auf „Todsünden“, wobei im Brief nicht deutlich wird, was eigentlich damit gemeint ist. Jedenfalls sollte man sich hüten, von vornherein an Unzucht bzw. Häresie zu denken, die in der Nichtbullierten Regel als Ausschlußgründe genannt sind. Vielleicht sind ganz einfach Verhaltensweisen gemeint, die eine bestimmte Öffentlichkeit haben, oder solche, welche der Absolution durch den Minister vorbehalten waren. Franziskus gibt aber auch Anweisungen für das alltägliche Versagen. Hier soll die Beichte der Erfahrungsort der Barmherzigkeit sein. Dabei fällt auf, daß Franziskus eigentlich die Beichte vor einem Priester der eigenen Bruderschaft vorzieht (Satz 18) und daß er auch die Beichte vor einem Laienbruder für möglich hält, allerdings mit der Bedingung, daß die Beichte später wiederholt werden muß. Daran könnte man jetzt in verschiedener Hinsicht eine Diskussion anknüpfen: Wenn es sich nur um eine leichte Sünde handelt, warum besteht dann die Notwendigkeit, die Beichte zu wiederholen? Oder: Welche zusätzliche Qualität gegenüber der Laienbeichte hat denn die Priesterbeichte? Viel wichtiger als solche Fragen ist die Tatsache, daß für Franziskus die Beichte noch eine Erfahrung bedingungsloser Barmherzigkeit war und wohl deswegen unter allen Umständen gesucht werden sollte, selbst dann wenn der kirchenrechtlich zuständige Priester fehlt. Das zeigt auch die alleinmögliche Buße, die auferlegt werden soll. Wer Beichte hört, hat für Franziskus keine andere Vollmacht, als das befreiende Wort zu sagen: „Geh und sündige nicht mehr!“ – da steht nichts von Urteilenmüssen, ob einer die Barmherzigkeit bzw. die Absolution verdient, nichts von indiskreter Fragerei – allein das befreiende, lossprechende Wort, nur die Barmherzigkeit zählt (Satz 18–20).

– *auch auf die institutionelle Ebene:* Für Franziskus gibt es nicht die schizophrene Haltung von personalem und institutionalem Verhalten. Die Brüder sollen ganz allgemein barmherzig sein, sie müssen die Barmherzigkeit personal und in einem steten Bemühen im Alltag, „immer“ (Satz 11) vermitteln. Aber darüber hinaus muß die Barmherzigkeit auch institutionell gesichert werden. Darum schlägt Franziskus ein neues Regelkapitel vor (Satz 13). Genau an diesem Punkt wird es entscheidend, ob der Brief vor oder nach den beiden Regeln verfaßt ist. Wenn der Brief vorher geschrieben ist, dann wäre er im Beratungsprozeß beschnitten worden, dann stünden wir dem Faktum gegenüber, daß die Mitbrüder Franziskus und das Spezifisch-Christliche der unbedingten und bedingungslosen Barmherzigkeit nicht begriffen hätten. Wenn der Brief nachher verfaßt ist, dann hätte Franziskus die Regeln korrigiert zu Gunsten dieser uneingeschränkten Praxis der Barmherzigkeit, er wäre dann im Gang durch die Instanzen und Gremien völlig abgeblitzt. In diesem Fall aber stehen wir vor einen persönlichen, vielleicht situationsbedingten, vielleicht auch bloß vorübergehenden Inkonsequenz; Franziskus hätte dann die bedingungslose Barmherzigkeit nicht bis zu seinem letzten Atemzug bzw. nicht in einem beständigen Bemühen durchgehalten. Aber das würde uns Franziskus näherbringen. Denn ist es nicht die Inkonsequenz, welche unser menschliches Leben prägt?

Wie immer dem sei, in unserem Brief ist die Barmherzigkeit ein absolut geltendes Postulat christlicher Praxis. Und wir stehen vor der Aufgabe, die so geforderte Barmherzigkeit theologisch und spirituell zu deuten. Wir haben uns existentiell und radikal der unverdienten Gnade und Barmherzigkeit Gottes zu überlassen. Und dies tun wir nur, wenn wir uns als bedingungslose Träger und Vermittler der Barmherzigkeit verstehen. *Nur in der handelnden Aneignung der Barmherzigkeit, in der mitmenschlichen Begegnung also, wird uns die Barmherzigkeit zuteil.* Einen anderen Weg zum Heil gibt es nicht. Und ebenso gibt es keine andere Möglichkeit, Gottes Barmherzigkeit zu erfahren, als der barmherzige Blick, das barmherzige Wort, die barmherzige Geste. Hier und da frage ich mich, wo in der Kirche und wo in der Gesellschaft, ja wo in unserer franziskanischen Familie diese bedingungslose Gnade und Barmherzigkeit erfahren und vermittelt wird. Hier wäre die eigentliche Mission, die wir in Kirche und Gesellschaft haben.

Darum hoffe ich, daß wir selbst etwas von Barmherzigkeit und Versöhnung in unserem eigenen Leben spüren können.

VI

Friedensgebet

Herr
mach mich zu einem Werkzeug Deines Friedens
Laß mich Liebe bringen in den Haß
Verzeihung in die Schuld
und Einheit in die Zwietracht
Laß mich Wahrheit bringen in den Irrtum
Glauben in den Zweifel
und Hoffnung in die Verzweiflung
Laß mich Licht bringen in das Dunkel
und Freude in die Traurigkeit

O Herr
Laß mich mehr danach trachten
zu trösten als Trost zu finden
zu verstehen als Verständnis zu erfahren
zu lieben als Liebe zu kosten

Denn im Geben empfange ich
und im Mich-Vergessen finde ich mich
Im Verzeihen erfahre ich Verzeihung
und im Sterben stehe ich auf zum ewigen Leben

Herr, mach mich zu einem Werkzeug Deines Friedens

Man hat unser Jahrhundert schon „das Jahrhundert der Kirche“ genannt. Mir scheint, daß es eher als „Jahrhundert der Friedenssehnsucht“ in die Geschichte eingehen wird. Ein Ausdruck davon ist das sog. Friedensgebet des heiligen Franz.

Eine abenteuerliche Geschichte

Zum ersten Mal taucht das Gebet 1913 in einer normannischen Zeitschrift auf. Ohne Verfasser, aber mit einer Quellenangabe eines anderen Blattes, das heute nicht mehr auffindbar ist. Drei Jahre später wird es vom „Osservatore Romano“ (20. 1. 1916) und einige Tage darauf auch von der Pariser Zeitung „La Croix“ (28. 1.) abgedruckt. Mit dem Hinweis, daß es – zusammen mit anderen Friedensgebeten, die vom Marquis de la Rochetulon, dem Begründer der Wochenzeitschrift „Souvenir Normand“, stammten – dem Papst Benedikt XV. überreicht worden sei. Kurz darauf läßt der Visitator der Reimser Drittordensgemeinde ein Erinnerungsbild drucken und anläßlich seiner Visitation an die Terziaren verteilen. Auf der einen Seite ist Franziskus mit der Drittordensregel in der Hand abgebildet, auf der anderen Seite das Friedensgebet mit dem Quellenhinweis: „Souvenir Normand“. Darunter steht der Satz, der zum Anlaß wurde, das Gebet Franziskus zuzuschreiben: Das Gebet sei eine vollkommene Zusammenfassung des franziskanischen Ideals, das gleichzeitig den aktuellen Bedürfnissen der Zeit entsprechen würde. Man bedenke: dies geschieht mitten im 1. Weltkrieg, wo die Friedenssehnsucht allmählich die Oberhand gewinnt. Und nach dem Krieg, und erst recht während des 2. Weltkrieges, tritt das Gebet seinen Siegeszug an in die Herzen der Völker und in die Gebetbücher der Menschen – unabhängig von Kultur, Religion und Konfession.

Herz-Jesu-Frömmigkeit

Nun muß allerdings beachtet werden, daß das Gebet in einer entschiedenen Frömmigkeit beheimatet ist, die wir heute nur schwer nachzuvollziehen vermögen. In einem Brief an den Marquis de la Rochetulon dankt nämlich Kardinal Casparri in besonderer Weise für die Anrufungen zum Heiligsten Herzen Jesu und meint damit unser Friedensgebet. Auch der Osservatore Romano hebt diesen Aspekt besonders hervor:

„Das Souvenir Normand ließ dem Heiligen Vater einen Text mit einigen Friedensgebeten zukommen. Unter ihnen möchten wir gerne jene abdrucken, die sich in besonderer Weise an das Herz Jesu wenden." Wir müssen also annehmen, daß unser Friedensgebet ursprünglich einen Titel gehabt hat, der diese *Herz-Jesu-Frömmigkeit* deutlich zum Ausdruck gebracht hat.

1899 promulgierte Leo XIII. die Weiheformel zum Heiligsten Herzen Jesu, und Pius X. machte die jährliche Rezitation derselben zur Pflicht (1905). Damit wird die Herz-Jesu-Frömmigkeit zu einem der wichtigsten Aspekte der katholischen Spiritualität um die Jahrhundertwende. Es ist darum nicht verwunderlich, wenn Aspekte der Weiheformel fast wortwörtlich im Friedensgebet wiederkehren:

Sei Du
  der König derer, die im *Irrtum* leben
  der König aller, die die *Zwietracht* von Dir getrennt hat.
Sammle sie im Hafen der *Wahrheit*
  und in der *Einheit* des Glaubens
  damit nur eine Herde und ein Hirte sei
Sei Du
  der König aller, die noch im alten heidnischen Aberglauben gefangen sind
Zieh sie aus dem *Dunkel* ins *Licht*
  – hinein ins Reich Gottes
Herr
Schenk Deiner Kirche eine sichere *Freiheit*
Befrei sie von allen Fesseln
Gib allen Völkern Ordnung und *Frieden* . . .

Ich habe mich in meiner deutschen Übersetzung einiger Zeilen aus der Weiheformel unserem heutigen Sprachgefühl angepaßt. Gleichzeitig habe ich drei Gegensätze unterstrichen, die den Einfluß auf unser Friedensgebet erahnen lassen:
- Irrtum und Wahrheit
- Zwietracht und Einheit
- Dunkel und Licht.

Damit dürfte deutlich geworden sein, daß das Friedensgebet zurückgebunden werden muß an die Erlösungstat Jesu, an seine Kreuzeshingabe. Freilich muß das um einiges wesentlicher geschehen, als das die Frömmigkeit der Jahrhundertwende getan hat. Aber es dürfte nicht zu leugnen sein, daß in unserem Gebet das Herz Jesu selbst schlägt und daß wir uns damit in der Mitte des Evangeliums selbst bewegen.

Das Evangelium und das Spezifisch-Christliche

Auch die anderen Gegensatzpaare

- Schuld und Vergebung
- Verzweiflung und Hoffnung
- Traurigkeit und Freude
- Haß und Liebe
- Zweifel und Glauben

vermitteln das Evangelium in unerlöste Situationen. Wenn man aber dann zum zweiten Teil kommt, wo davon die Rede ist, daß wir „*mehr* danach trachten sollen zu trösten als Trost zu finden, zu verstehen als Verständnis zu erfahren, zu lieben als Liebe zu kosten", überkommt einen die Ahnung, daß wir hier menschliches Maß übersteigen und an das Spezifisch-Christliche rühren: an die sich hingebende Liebe.

Wohlverstanden: Es heißt nicht, daß wir auf Trost, Verständnis, Liebe verzichten sollten, das alles brauchen wir wie das tägliche Brot, und wer darauf verzichten wollte, würde sich den Mächten des Todes anvertrauen und erst recht keinen Trost, kein Verständnis und keine Liebe für andere aufbringen. Nein, auf all das soll und darf nicht verzichtet werden. Hingegen sind diese Bedürfnisse zu übersteigen, der Akzent soll auf dem Trösten, Verstehen und Lieben liegen. Die noch größere Aufmerksamkeit soll auf unsere Mitmenschen bezogen werden. Und darin ist Jesus von Nazaret Vorbild und Maß. Er will lieber sterben als anderen das Leben zu nehmen, so total und radikal trösten, verstehen, lieben, daß er in Kauf nimmt, dabei umgebracht, ermordet zu werden. Wenn er nur sich selbst im Auge gehabt hätte, wäre er eines natürlichen Todes gestorben.

Daß es hier wirklich um Jesus von Nazaret und um seine

Nachfolge geht, zeigt der dritte Teil des Gebetes, der nun eine ausdrücklich biblische Begründung liefert. Eigentlich handelt es sich dabei um ganz leicht abgewandelte Bibelzitate:

- Gebt und euch wird gegeben werden (Lk 6,38)
- Vergebt und euch wird vergeben werden (Lk 6,37)
- Wer sein Leben retten will, wird es verlieren, wer es verliert, wird es retten (Lk 17,33)
- Wer sein Leben haßt in dieser Welt, wird es bewahren für das ewige Leben (Joh 12,25).

Alte und franziskanische Tradition

Das Gebet ist demnach zwar ein Gebet des 20. Jahrhunderts, aber ganz deutlich im Evangelium beheimatet. Und eigentlich hat man im Lauf der Geschichte immer wieder so zu beten versucht. Als Beispiel nenne ich Jakobus von Sarong (452–521) mit seinem sehr schönen Gebet:

Gott
Sünder sind wir – und nichts anderes
Darum bitten wir dich
mit dem Duft von Weihrauch
Leg die Freude in den Kummer
    Fröhlichkeit in die Traurigkeit
    und Frohlocken in die Angst
Leg den Frieden in die Zwietracht
    die Ruhe in die Angst
    und Zufriedenheit in den Konflikt
Leg Beweglichkeit in die Sturheit
    Sanftheit in die Bitterkeit
    und Ordnung in die Verwirrung
Leg Geradlinigkeit in die Verbiegungen
    Vorteil in die Benachteiligung
    und das Gute in das Böse
Leg die Gnade an die Stelle der Gerechtigkeit
    die gute Tat an die Stelle der Rache
    die Vergebung an die Stelle des Verhörs
    die Hilfe an die Stelle des Vorwurfs
    und die guten Wünsche an die Stelle des Tadels

Aber auch bei Franz und Aegidius von Assisi gibt es ganz deutliche Textstellen, die sich in der gleichen Sphäre des Evangeliums bewegen und die wahrscheinlich unmittelbar auf das moderne Gebet Einfluß genommen haben. Denn ebenso wie die Herz-Jesu-Frömmigkeit gibt es um die Jahrhundertwende in Frankreich einen hohen Bekanntheitsgrad der Fioretti und damit verbunden auch der Sprüche und Texte des Aegidius.

Als Beleg für diese franziskanische Tradition – ich könnte auch die Ermahnung 27 des heiligen Franz zitieren – verweise ich auf folgenden Text des Aegidius von Assisi:

Wenn du liebst, wirst du geliebt
Wenn du ehrst, wirst du geehrt
Wenn du dienst, wird dir gedient
Wenn du andere gut behandelst,
  wirst du von anderen gut behandelt.

Glücklich, wer liebt
  und nicht wünscht
deshalb geliebt zu werden

Glücklich, wer ehrt
  und nicht wünscht
deshalb geehrt zu werden

Glücklich, wer dient
  und nicht wünscht
deshalb bedient zu werden

Glücklich, wer andere gut behandelt
  und nicht wünscht
deshalb gut behandelt zu werden

Werkzeug

Erst jetzt könnten wir eigentlich das Gebet Wort für Wort durchgehen, um es noch besser zu verstehen. Vielen Menschen macht es Mühe, sich als Werkzeug verstehen zu sollen. Sie haben offenbar eine allzu materialistische Vorstellung von „Werkzeug“. Vielleicht sollten wir einmal aufmerksam werden, mit welcher Liebe ein Musiker seine Geige, ein

Maurer seine Kelle und ein Tennisspieler sein Racket in die Hand nimmt. Schon hier wird deutlich, daß eine personale Durchlässigkeit gemeint ist: Es ist nicht gleichgültig, mit welcher Violine der Geiger spielt: sie muß ihm in die Hand passen, sie muß geschmeidig sein, sie muß die Töne klingen lassen, welche er auf ihr hervorzaubert. Aber was wäre der Geiger ohne Geige? Und was die Geige ohne Geiger?

Der Vergleichspunkt ist also nicht die Willenlosigkeit und Apersonalität der Geige, sondern ihre Durchlässigkeit und Aufnahmefähigkeit. Wenn man will, kann man auch an das großartige Bild von Madeleine Delbrêl denken: Wie eine Tänzerin in den Armen eines Tänzers sollen wir sein: gefügig, blind vertrauend, durchlässig für jede Regung, sensibel für jedes Gefühl.

Frieden

Wir sollen uns also dorthin führen lassen, wo man nach Frieden schreit, mit all dem im Herzen, was wir selbst empfangen haben: Liebe, Verzeihung, Wahrheit, Glauben, Hoffnung, Licht und Freude, mit aller Hingabe, die uns in der Begegnung mit Jesus und in der Meditation des Neuen Testamentes aufgeht. Dieses Hineingenommensein in den geschenkten Frieden Gottes ist wichtig, notwendig, unveräußerlich. Ohne das wird kein Friede werden. Deswegen hat Friedensaktion zunächst einmal mit Gebet zu tun: Wir müssen empfangen, was wir tun!

Aber auch umgekehrt: Gott hat keine anderen Hände als die unseren. Durch uns will er Frieden schenken. Wir sind der Ort, von dem aus Friede wird, und das Werkzeug, durch das er entsteht. Wir sind das Sakrament, in dem Gott in der Welt lebt und wirkt, das Mittel, mit dem er die Kettenreaktion des Bösen und die Eskalation der Gewalt unterbricht.

Wenn wir also das Friedensgebet beten, wie es vorliegt, dann glauben wir an die Möglichkeit, daß es neue Anfänge gibt, Innovationen in verkarrten Situationen. Wir beenden – nicht in eigener Kraft, sondern in der Kraft dessen, bei dessen Geburt die Engel vom Frieden sangen – die Epidemie des Dunklen, die Kreise der Verzweiflung und setzen neue Anfänge, den Beginn des Friedens in der Welt des lebendigen Gottes.

VII

Klara von Assisi, 2. Brief an die heilige Agnes von Prag

Nur eines ist notwendig. Aber dieses eine unterstreiche ich, und im Blick auf die Liebe Christi, dem du dich als heilige und wohlgefällige Opfergabe dargebracht hast, ermahne ich dich, du mögest dich deines Vorhabens erinnern und deine Anfänge anschauen:
Was du in Händen hältst, das halte fest.
Was du tust, das tue und laß nicht davon ab.
Schnellen Laufes, leichten Schrittes
mit entfesselten Füßen,
damit kein Staubkörnchen daran hängenbleibt;
sicher, froh und frei
sollst du den Weg der Seligkeit gehen.
Glaube niemandem, stimme niemandem zu,
der dich von deinem Vorhaben abbringen
und dir einen Stein des Anstoßes auf den Weg legen möchte.
In jener Vollkommenheit,
zu der dich der heilige Geist berufen hat, gib dem Höchsten deine Gelübde zurück.
Damit du aber sicherer auf dem Weg der Gebote unseres Herrn gehst, holst du am besten den Rat unseres Vaters und Bruders Elias, des Generalministers, ein. Diesen Rat sollst du allen anderen Ratschlägen vorziehen und siehe darin das größte Geschenk.
Wenn aber jemand etwas anderes sagt,
dir etwas anderes einflüstert,
etwas, was deine Vollkommenheit hindert,
etwas, was dir als Widerspruch zu deiner göttlichen Berufung erscheint,
dann folge seinem Rat nicht,
auch dann wenn du ihn zu achten verpflichtet bist.
Umfange vielmehr den armen Christus, arme Jungfrau.

Friede im Konflikt

Für Franz von Assisi ist erst der Konflikt der Ort des wahren Friedens. Der Friede ist für ihn ganz eindeutig Gabe Gottes, die man in Gebet und Gottesdienst erfährt, eine wirkliche Zusage, die das Herz des Menschen verwandelt. Doch zeigt erst die Konfliktsituation, ob dieser Friede auch wirklich im Herzen Fuß fassen konnte. Darum spricht Franziskus eher von „Frieden wahren" als von „Frieden stiften".

Ein kurzer Blick auf die Schriften des heiligen Franz

Ein kurzer Blick auf die Schriften des heiligen Franz könnte das bestätigen. So schreibt er im Sonnengesang: „Lob sei dir, mein Herr, durch alle, die um deiner Liebe willen vergeben, *durch alle, die Schwachheit und Not ertragen. Glücklich, die ausharren in Frieden.* Du, Höchster, wirst sie einst krönen." Wohlverstanden: Ertragen, ausharren – das soll man in Schwachheit und Not und in den Auseinandersetzungen des Lebens. Viele Texte, z. B. die Ermahnungen 13 und 15, vor allem aber der wunderbare Brief an einen Diener, sind von dieser Grundhaltung getragen.

Innerer Widerstand

Wer dieses Ertragen und Ausharren freilich als kraftloses Ducken vor der Übermacht des Stärkeren interpretieren wollte, sieht den Sachverhalt nicht richtig. Es geht vielmehr darum, daß jemand, der in der Begegnung mit Gott den Frieden gefunden hat, nun auch alle Kraft in sich hat, gewaltlos, aber entschieden das Eigentliche zur Sprache zu bringen. Auf diese Weise ist Franziskus zum Friedensstifter geworden – und das nicht nur in Assisi, wo er den Sonnengesang vor Podestà und Bischof singen ließ.

Innerkirchlicher Konflikt

Dieser innere Widerstand ist nun auch zu spüren in dem Brief, den die heilige Klara an die heilige Agnes von Prag schreibt.

Die beiden Frauen – Klara in Assisi, Agnes in Prag – wollten sich in der Gemeinschaft des heiligen Franz zur absoluten Besitzlosigkeit bekennen, mit allen Konsequenzen, welche eine solche Entscheidung in sich trägt. Beide waren adelige Frauen, Agnes sogar Königstochter, welche sich auf die Seite der Armen schlugen, ein Vorhaben, das der weniger spirituell denkenden päpstlichen Kurie unmöglich schien. Papst Gregor IX. will mit einem Brief vom 18. Mai 1235 Agnes zur Annahme von Grundbesitz verpflichten, was nun die heilige Klara zu einem leidenschaftlichen Appell veranlaßt. Die Aussage ist unzweideutig: Von dem ursprünglichen Vorhaben wollen Klara und Agnes nicht einen Deut abgehen, ja, sie wollen vordergründig ungehorsam sein, um den eigentlichen Gehorsam zu leisten, den Gehorsam zur ursprünglichen Berufung.

Sache und Beziehung

Klara macht in ihrem Brief eine klare Unterscheidung, die viele nicht zu machen vermögen. Sie weiß, daß man in der Sache verschiedener Meinung sein, aber auf der Beziehungsebene doch Frieden haben, ja sogar freundschaftlich verbunden sein kann. Man soll in der Sache nicht folgen, aber die Person achten, welche zu einem anderen Verhalten verleiten will. Auch Franziskus hat davon gesprochen, daß man die Gemeinschaft nicht aufgeben soll, wenn man zu einer anderen Meinung oder einem anderen Verhalten gezwungen wird (Erm 3).

Friede ist also eine Frage der Beziehung, die durchaus gegensätzliche Meinungen verträgt. Friede ist nicht Anpassung oder Unterwerfung. Friede ist Bewahren des Friedens im Gegensatz und im Widerspruch.

VIII

Ermahnung 27

Wo Liebe ist und Weisheit
da ist keine Angst und keine Unwissenheit

Wo Geduld ist und Demut
da ist kein Zorn und keine Verwirrung

Wo Armut ist und Freude
da ist keine Gier und kein Geiz

Wo Ruhe ist und Meditation
da ist keine Unruhe und kein zielloses Hin und Her

Wo Furcht des Herrn den Wohnraum hütet
da findet der Feind keine Türe

Wo Barmherzigkeit ist und Unterscheidungsvermögen
da ist kein Überfluß und keine Verhärtung

Bonaventura von Bagnoreggio

Am Anfang rufe ich den Urgrund an, den Vater der Lichter, von dem alle Erleuchtung herniedersteigt und der das Beste und Vollkommene schenkt. Ich rufe eindringlich zum ewigen Vater mit der Stimme seines Sohnes, unseres Herrn Jesus Christus.

Er soll – auf die Fürsprache Marias und des heiligen Franz – die Augen unseres Herzens hellmachen und unsere Füße auf den Weg des Friedens lenken, der all unsere Sinne übersteigt.

Diesen Frieden kündete und schenkte uns Jesus Christus – und unser Franziskus machte sich zum Widerhall seiner Verkündigung: In jeder Predigt kündete er am Anfang und am Schluß den Frieden an, bei jedem Gruß wünschte er den Frieden, in jeder Kontemplation seufzte er nach dem ekstatischen Frieden.

Nach dem Vorbild des heiligen Franziskus seufze und lechze ich nach diesem Frieden, ich Sünder, der an Stelle des verstorbenen heiligen Franz zum siebten Generalminister der Minderbrüder gewählt wurde.

33 Jahre waren es, seit Franziskus gestorben ist. Da ging ich auf göttliche Eingebung hin zum Berg Alverna, diesem Ort der Ruhe, um da mit Liebe und Sehnsucht den Frieden der Seele zu suchen.

Als ich nun an diesem Ort weilte und über die Wege des Menschen zu Gott nachdachte, kam mir das Wunder in den Sinn, das sich hier an Franziskus ereignet hat, die Erscheinung des Seraphs in der Gestalt des Gekreuzigten.

Da war mir plötzlich klar, daß sich in dieser Erscheinung sowohl das Ziel als auch der Weg dahin zeigte.

Friede und Zufriedenheit

Es gehört zu den Grundeinsichten der christlichen Tradition, daß der Friede im zwischenmenschlichen Bereich seine Voraussetzung in der Seele des einzelnen hat. Wer im Frieden mit anderen leben will, muß zufrieden sein, geboren im Großen und Ganzen, versöhnt in Gottes umfassender Liebe.

Der Sinn von Meditation

Es ist darum nicht verwunderlich, wenn die Meditations- und Gebetsanleitungen den innerseelischen Frieden und die Wege dazu zum Thema machen. Die Seele muß ihre Einheit finden: die hin- und herzerrenden Kräfte müssen zur Ruhe kommen, die einander widersprechenden Tendenzen wollen versöhnt werden. Das kann die Seele für sich allein genommen nicht leisten, sie erreicht ihren Frieden nur, indem sie sich dem Ge-HEIM-nis Gottes anheimgibt, sich selbst losläßt und sich Gott anvertraut.

Von der Bedeutung der Meditation für den sozialen Bereich, also des innerseelischen Friedens für all das, was im zwischenmenschlichen Bereich geschehen kann, handelt auch die Ermahnung 27.

Der kurze Text ist ein kunstvolles Gebilde. Das *erste Glied* enthält jeweils die Erfahrungen, die wesentlich in der Meditation beheimatet sind bzw. letztlich nur in der Begegnung mit Gott empfangen werden können:

– die Erfahrung, von Gott geliebt und bis in alle Sinne hinein ergriffen zu sein (Liebe und Weisheit);

– die Erfahrung, daß im Vergleich zur innerseelischen Kraft Gottes alles andere zweitrangig ist und daß ich selbst nur in der Verbundenheit mit dem Erdboden leben kann (Geduld und Demut);

– die Erfahrung, daß ich letztlich alles Gott verdanke, aus mir selbst nichts, aus Gott aber alles bin und daß gerade diese Einsicht zum Tanz und zum Jubel führt (Armut und Freude);

– die Erfahrung, daß ich in mir selbst ruhig werden kann wie ein Kind an der Brust der Mutter und daß ich das Maß nicht in mir habe, sondern in Gott (Ruhe und Meditation);

– die Erfahrung, daß der unendlich große Gott mich trägt und erfüllt (Furcht des Herrn);

– die Erfahrung, daß das Herz die Quelle ist und daß von der Liebe aus neue Maßstäbe für das Verstehen und Beurteilen entstehen.

Das *zweite Glied* nennt dann jeweils jene negativen Erfahrungen, welche einem erspart bleiben, wenn man wirklich die Meditation in das Zentrum des Lebens stellt und darin schon einige Fortschritte gemacht hat:

– Wie soll jemand Angst haben, wenn er sich von Gott selbst geliebt weiß? Und wie soll sich einer falsch geben können, wenn er das größte Erfahrungswissen in sich trägt?

– Wie soll einer sich aufregen und durcheinandergeraten, wenn er jene innere Widerstandskraft und Wahrheit gefunden hat, die aus der personalen Begegnung mit Gott erwachsen?

– Wie soll einer gieren und geizen, wenn er seine Geschöpflichkeit vor Gott und das wahre Sein in ihm erlebt hat?

– Wie soll einer noch für Streß und Hektik anfällig sein, wenn er doch Halt und Orientierung gefunden hat?

– Wie soll jemand noch für das Böse zugänglich sein, wenn er ganz von Gott erfüllt ist?

– Wie soll einer noch im Überfluß versinken oder hartherzig sein, wenn die Logik des Herzens nach Entfaltung drängt?

Meditation als Einübung des Friedens

Wer solche Zusammenhänge entdeckt, wird bald die Meditation in den Dienst der Friedenssehnsucht stellen wollen. Meditation ist Einübung des Friedens, weil hier etwas geschenkt wird, was in den sozialen Bereich einfließt.

Dies wird vollends deutlich, wenn wir den Text des hl. Bonaventura lesen. Es handelt sich um die ersten Zeilen eines Meditationsbuches. Sofort fällt auf, daß „Friede“ das häufigste Wort ist. Es geht letztlich um den Frieden in Gott. Bonaventura nennt diesen Frieden „ekstatisch“, d. h. nur wer aus sich selbst heraustritt („ek-stare“) in das Geheimnis Gottes hinein, wird den wahren Frieden finden und fähig sein, wie Franziskus Frieden in den sozialen Bereich hinein zu stiften.

IX

Dreigefährtenlegende 35

Wenn sie um Almosen bettelnd durch die Stadt gingen, gab ihnen kaum jemand etwas, sondern man machte ihnen Vorwürfe mit den Worten, sie hätten ihr Eigentum verlassen, verzehrten fremdes und litten mit Recht große Not. Sogar ihre Eltern und Verwandten verfolgten sie; von anderen Leuten aus der Stadt wurden sie als unvernünftig und töricht verlacht. In jener Zeit verließ ja niemand sein Eigentum, um dann von Tür zu Tür Almosen zu betteln. Der Bischof der Stadt Assisi, zu dem der Mann Gottes häufig sich Rat holen ging, nahm ihn gütig auf und sprach zu ihm: „Hart scheint mir eure Lebensweise und rauh, nichts in der Welt zu besitzen." Ihm entgegnete der Heilige: „Herr, wenn wir irgendwelches Eigentum besitzen würden, so müßten wir unbedingt zu unserem Schutz auch Waffen haben. Daraus entstehen aber Streitigkeiten und Zank, und dadurch wird die Liebe Gottes und des Nächsten gewöhnlich stark gehemmt." Dem Bischof gefiel die Antwort des Gottesmannes sehr, der alles Vergängliche und vornehmlich das Geld so verachtete, daß er in allen seinen Regeln gerade die Armut betonte und alle Brüder besorgt machte, das Geld zu meiden; er verfaßte nämlich mehrere Regeln und erprobte sie, bevor er jene verfaßte, die er zuletzt den Brüdern hinterließ. Deshalb sagte er in einer von ihnen zur Verfluchung des Geldes: „Hüten wir uns, die alles verlassen haben, daß wir nicht wegen etwas so Geringem das Himmelreich verlieren. Und wenn wir irgendwo Geld finden sollten, dann wollen wir uns darum nicht mehr kümmern als um den Staub, den wir mit unseren Füßen treten."

Friede und Besitzlosigkeit

Friede unter den Menschen kann es eigentlich nur geben aufgrund gerechter Besitzverhältnisse. Darum entstammt das Wort Johannes' XXIII. einer tiefen menschlichen Einsicht: „Das neue Wort für Frieden heißt Gerechtigkeit".

Das Eigentum verlassen

Nun gibt es aber in der christlichen Tradition noch eine weitergehende Aussage: Friede ist letztlich nur möglich, wenn der Mensch auf das Privateigentum verzichtet. Zu diesen Zeugen gehört Franz von Assisi. Zweimal kommt in unserem Text der Ausdruck „das Eigentum verlassen" vor. Wer sich in den Schriften des Heiligen auskennt, fühlt sich sofort an den Anfang des Testamentes erinnert, wo ein ähnlicher Ausdruck steht: „die Welt verlassen". So dürfen wie schließen, daß Franziskus und seine Gefährten die Welt des Privateigentums verlassen, um in einer Welt des Friedens zu leben. Interessant ist auf jeden Fall, daß in unserem Text der Friede die eigentliche Motivation für den Verzicht auf Eigentum ist.

Eigentlich entspricht dieser Zusammenhang ja unserer Alltagserfahrung: Streit entsteht meistens im Kontext von Dingen, die wir für uns beanspruchen, von Geld, von Besitz, von Land . . .; Privatbesitz grenzt ab: ich muß einen Zaun darum herumziehen, Mauern errichten, eine Schublade oder eine Türe abschließen, einen Hund hinsetzen, ja, ich muß den Besitz unter Umständen mit Waffen verteidigen.

Franziskus hat diesen Zusammenhang klar erkannt. Da er eine Welt des Teilens will, der Kommunikation, der Liebe und Geschwisterlichkeit, der alles umfassenden Gemeinschaft, muß er das Privateigentum ablehnen. Dies um so mehr, als er die verheerenden Folgen sieht, welche die maßlose Gier nach Besitz und Eigentum in seiner Umwelt zeitigt: die große Mehrheit, die nicht weiß, ob sie für den heutigen Tag überhaupt noch etwas auf den Tisch kriegt und darum zum Betteln verurteilt ist. Es bleibt Franziskus keine andere Wahl, als sich auf die Seite der Armen zu schlagen.

Durch Christus erworbene Gerechtigkeit

In seiner Regel fügt Franziskus noch einen weiteren Gedanken hinzu. Da spricht er davon, daß die Armen und – ganz allgemein – die Opfer der Gesellschaft einen Anspruch auf Lebensunterhalt haben. Denn – so argumentiert er – Gott selbst ist in diesen sozialen Kontext eingetreten, hat sich in Jesus zum Bruder der Hungernden und Armen gemacht. Aus jedem von ihnen schreit Gott selbst nach Gerechtigkeit, nach Brot und Wein, nach dem, was der Mensch zum Leben braucht. Aus letztlich theologischen Gründen müssen die Armen zu ihrem Recht kommen. Es scheint, daß Franziskus tief nachgedacht hat über jenes Kapitel im Philipperbrief, in dem es heißt, daß Gott auf das Gottsein verzichtet, sich sozusagen seines göttlichen Besitzes entäußert hat, um ganz auf die Seite der Menschen zu treten.

Biblische Eigentumsfeindlichkeit

Die Frage drängt sich auf, ob Franziskus hier nicht weit über das Ziel hinausschießt. Sind seine Mitbürger, die am Eigentum festhalten und darum dem Verzicht auf Besitz und Geld verständnislos gegenüberstehen, nicht im Recht? Und können sie sich nicht ebenso auf die Bibel berufen wie Franziskus? Gerade diese Frage muß entschieden verneint werden – wahrscheinlich zum Entsetzen vieler, die sich Christen nennen.

Die *Jesusgemeinschaft* hat, wie wir den Evangelien entnehmen können, auf Besitz und Eigentum verzichtet. Sie glaubte, daß Gott in allernächster Zeit seine Herrschaft ausruft und daß darum der eigene Besitz verkauft und an die Armen verteilt werden soll (Mk 10,17–31). Eigentum ist Last, Hindernis: Eher geht ein Kamel durch ein Nadelöhr als ein Reicher in das Reich Gottes. Und alle, die in der Gemeinschaft mit Jesus leben wollen, müssen auf alles, was sie haben, verzichten. – Diese Auffassung findet sich dann später wieder ausgebildet in den *Bettelorden,* eben auch bei Franz von Assisi.

Die *Jerusalemergemeinde* war weniger radikal. Sie lehnte den Besitz nicht grundsätzlich ab, sondern bloß den Privatbesitz. „Sie hatten alles gemeinsam. Sie verkauften Hab und

Gut und gaben allen, jedem so viel, wie er nötig hatte" (Apg 2,44f). Mit anderen Worten: Der Besitz darf nicht privatisiert werden, er gehört allen. Eine solche Auffassung ist getragen vom Gedanken der innergemeinschaftlichen Solidarität: Die Gemeinschaft als solche muß sich um das Wohl jedes einzelnen kümmern; jeder muß mit jedem teilen. Man kann sagen, daß dieser frühchristliche Kommunismus, wie man diese Solidarität schon genannt hat, eine Verbindlichkeit darstellt, zu der sich jeder Christ – mehr oder weniger frei – bekennen mußte (vgl. Apg 5). – Diese Auffassung wurde in der späteren Kirchengeschichte in den *monastischen Orden* ausgestaltet.

Anfänglich nur am Rande, in den *späteren Schriften* deutlicher, war die Auffassung, daß Privateigentum in Ordnung ist, sofern man sich innerlich davon löst und zum Teilen bereit ist. Diese Auffassung mußte sich in dem Maße festigen, als man erkannte, daß Gottes Herrschaft sich nicht plötzlich, sondern verzögert durchsetzt. – Diese Auffassung ist heute innerhalb der Kirche maßgebend.

Es stellt sich allerdings die Frage, ob sich unsere heutige Auffassung so ohne weiteres als christlich ausgeben darf.

Mißverständnisse

Die Auffassung von Eigentum, welche heute die meisten Christen haben, leidet unter einer ganzen Reihe von Mißverständnissen.

– Das fängt schon an bei dem Hauptzeugen, der immer wieder aufgeführt wird, bei *Thomas von Aquin.* Er darf nicht einfach als einer hingestellt werden, der das Privateigentum philosophisch begründet. Im Gegenteil: Er ist ganz entschieden der Auffassung, daß sich die Gemeinsamkeit der Güter aus der Natur ergibt: Alles gehört allen. Sache der Vernunft ist es nun, diesen Satz so zu verwirklichen, daß er auch wirklich zum Tragen kommt. Und erst auf der Ebene der organisierenden Vernunft ist vom Privateigentum zu reden. Erst wenn jeder auch wirklich etwas hat, was ihm zukommt, haben alle alles. Und dieses Privateigentum ist ohnehin immer nur ein Gebrauchs-, nie aber ein Herrschaftsrecht. Ich darf also mit meinem Eigentum nur so umgehen, wie es die die grundlegendere Einsicht – nämlich: daß alles allen gehört – erlaubt.

– Erst im 19. Jahrhundert setzt man andere Akzente. Das Privateigentum wird nicht mehr aus der Vernunft abgeleitet, welche der Natur zu ihrem Recht verhelfen soll, sondern aus dem *Individuum:* „Der einzelne Mensch ist durch sein Menschsein primärer Anwärter auf Eigentum ... Ohne Eigentum keine Existenzmöglichkeit, ohne Eigentum keine Freiheit, ohne Eigentum keine Entfaltung der menschlichen Persönlichkeit" (F. Beutter). Eine solche Auffassung ist zumindest mißverständlich und liest sich auf dem Hintergrund der heutigen Besitzverhältnisse wie eine ethische Rechtfertigung.

– Schließlich ist darauf hinzuweisen, daß die Auffassung, wie sie heute bei uns so selbstverständlich herrscht, auch vor der Menschheitsgeschichte nicht ohne weiteres bestehen kann. Ob wir den Babylonischen Talmud nehmen, Aristophanes, Platon oder Aristoteles, die Kirchenväter, die Ordenstraditionen, Thomas Morus, Kant oder Fichte, von den sozialistischen und kommunistischen Denkern gar nicht zu reden – sie alle stehen kritisch zu Eigentum und Besitz. So erscheint unsere Auffassung losgelöst von der großen Tradition der Menschen.

Notwendiges Umdenken

Wir müssen, was unsere Auffassung vom Eigentum betrifft, radikal umdenken. Das gebietet unsere eigene Tradition. Das gebietet aber noch mehr unsere heutige Situation. Wir werden unmöglich die Probleme lösen, die mit Armut und Elend auf der einen Seite, mit Reichtum und Prunk auf der anderen zu tun haben, wenn jeder nur seinen eigenen Kuchen ißt. Die Güter dieser Welt gehören allen.

Franziskus und das Privateigentum

Mit zunehmendem Entsetzen sehe ich auf die anwachsende Armut in aller Welt. In Frankreich gibt es über eine Million Menschen, die hungern müssen, in ganz Europa immer mehr Menschen, die nicht wissen, wovon sie leben können. Selbst in der Schweiz siedeln sich nach offiziellen Zahlen ungefähr 20% an der Armutsgrenze an, unter ihnen 650 000, die nicht einmal das Existenzminimum haben. Von der sog. Dritten Welt ganz zu schweigen. Auf der anderen Seite nimmt der Reichtum der Reichen immer mehr zu: Ganz wenige Menschen (etwa 5% der Gesamtbevölkerung) besitzen ungefähr 90% der materiellen Güter (Boden, Häuser, Produktionsstätten, Geld), die anderen müssen sich mit dem Rest zufriedengeben.

Da stellt sich mir immer mehr die Frage, ob die geistigen Grundlagen stimmen, auf denen unsere moderne Welt aufruht.

Das Privateigentum

Zu den geistigen Grundlagen gehört das Privateigentum. Man sagt, es gehöre wesentlich zum Menschsein des Menschen, sei in der Natur der menschlichen Person grundgelegt.

Ein Stück weit kann ich das begreifen. Denn der Mensch muß sich ja in seiner Haut wohlfühlen können. Damit ich mich wohlfühlen kann, muß ich – zusätzlich zu meiner Körperhaut – eine zweite Haut haben: ein Zimmer, in dem ich zuhause bin, ein Dach über dem Kopf, das mich birgt. Ich brauche dann, sozusagen als dritte Haut, Menschen, die mich umgeben, die mir Bruder sind oder Schwester, Vater oder Mutter, Kollege oder Freund. Als vierte Haut brauche ich, damit es mir gut geht, notwendig das Privateigentum: ein Kleid, ein Haus, Grund und Boden, Werkzeuge, Geld und Vermögen – Dinge, die nur mir gehören. Das Privateigentum gehört darum zur Individualität des Menschen, ist die natürliche und notwendige Verlängerung der Person. Es muß als unantastbarer Wert verkündet und mit allen Mitteln verteidigt werden.

Die christliche Soziallehre hat sich diese naturrechtliche Argumentation zu eigen gemacht, allerdings mit dem Hinweis, daß das Privateigentum an der Not und an der Armut des Mitmenschen seine Grenzen hat. Darum spricht man von der sozialen Verpflichtung des Privateigentums, von der Pflicht zum Almosen und zur konkreten Hilfe. In den letzten Jahren wurde dieser Aspekt in zunehmendem Maße herausgestellt.

Dieser Ansatz kam vor allem in den liberalen und kapitalistischen Ländern zum Tragen. In vielen Fällen sieht man in der Tatsache des Reichtums sogar einen Ausdruck der Gnade Gottes und in Armut und Elend selbstverschuldete Phänomene.

Das Gemeinwohl

Angesichts der zunehmenden Armut frage ich mich immer mehr, ob die Argumentation, die vom Standpunkt des einzelnen aus denkt, von den richtigen Voraussetzungen ausgeht. Wenn man die Geschichte der Philosophie kennt, dann weiß man, daß es in allen Jahrhunderten auch eine gegensätzliche Auffassung gibt. Arnold Künzli, der frühere Professor für Philosophie der Politik an der Universität Basel, hat in einem Buch die Erkenntnisse einer jahrzehntelangen Forschungs- und Lehrtätigkeit publiziert und stellt fest: „Das Privateigentum hat keinen ontologischen Status. Es gehört zur Kultur, nicht zur Natur." Mit anderen Worten: Der Mensch kann auch in ganz anderer Richtung denken.

Wie wäre es also, wenn wir nicht von der einzelnen Person ausgingen, sondern vom gemeinsamen Wohl der Menschen? Kämen wir vielleicht nicht zu anderen, gerechteren Zuständen? Ich wenigstens bin überzeugt, daß wir unsere Probleme um Gerechtigkeit und Frieden, um Armut und Reichtum usw. nur dann lösen können, wenn wir eine radikale Umkehr im Denken vollziehen und die andere Kulturtradition zur Geltung bringen.

So hat z. B. Platon, einer der größten Philosophen, in seinem Alterswerk „Gesetze" eine Alternative zum Privateigentum entworfen. Er glaubt, daß zunächst alles gemeinsam sein und dann von jedem einzelnen geteilt werden müßte. Die ideale Gesellschaft könne nur auf diese Weise entstehen.

Der Ausgangspunkt für dieses Denken ist also nicht die einzelne Person mit ihrem Bedürfnis, sich wohlzufühlen, sondern eine Gemeinschaft (Gruppe, Stadt, Staat), die alles gemeinsam hat. Solche Ansätze sind innerhalb der sozialistischen und kommunistischen Vorstellungen zum Tragen gekommen. Allerdings hat auch diese Konzeption, wenn sie zum staatlichen System wird, ihre Opfer (Verletzung der individuellen Rechte).

Vor die Wahl gestellt, fällt es schwer, sich zu entscheiden. Am besten, es könnte eine dritte Möglichkeit geben, in der die Gemeinsamkeit der Güter ebenso wie das Wohl des einzelnen gewährleistet ist.

Die Urkirche

Daß sich die christliche Ethik so einseitig auf das Privateigentum stützt, ist an und für sich nicht verständlich. Denn die ersten Christen lebten in einem selbstgewählten Kommunismus: Sie verzichteten auf alles, was sie zu eigen hatten, zu Gunsten der Gemeinschaft, in der sie lebten: „Alle bildeten eine Gemeinschaft und hatten alles gemeinsam. Sie verkauften Hab und Gut und gaben davon allen, jedem so viel, wie er nötig hatte" (Apg 2,44f). Der schmerzhafte Verzicht auf das Privateigentum gehörte wesentlich zum Christsein (vgl. Mk 10), eine bloß innere Lösung vom Eigentum genügte nicht, der radikale Standortwechsel von einem privat verstandenen Wohlsein des einzelnen zur Gemeinschaftlichkeit, zum Teilen und zur Solidarität mit den Armen war für die ersten Christen wesentlich. Man muß schon Sperberaugen haben, um Ansätze für das Privateigentum im Neuen Testament zu finden. Und viel, ja zuviel Interpretationskunst muß man aufbieten, um die naturrechtliche Begründung des Privateigentums mit dem ganz anderen Ansatz des Evangeliums zu verbinden.

Es ist darum nicht erstaunlich, wenn die Ablehnung des Privateigentums auch innerhalb der Kirche immer auch vorhanden war. Es ließen sich dafür genügend bedeutende Theologen der frühen Kirchengeschichte als Zeugen aufrufen. Besonders aber war es das Ordensleben, welches das Privateigentum ablehnen mußte, um die Basis für ein ganz anderes Leben zu leben: für eine Gemeinschaft, die durch Teilen, durch Brüderlichkeit, durch gleiche Chancen und Möglichkeiten, durch ein wirklich geteiltes Leben, in dem allen alles gehört, bestimmt ist.

Vor allem zwei Dinge scheinen mir in diesem Zusammenhang wichtig: Selbstverständlich besteht dieser urchristliche Kommunismus auf der Grundlage der Freiwilligkeit. Aber mir scheint, daß diese sich nicht auf den bezieht, der einmal Christ geworden ist. Als Christ hatte er nicht mehr die Wahl. Die Freiheit ist vorher angesiedelt, weil der Glaube und darin die Entscheidung für die Lebenspraxis Jesu freie Akte des Menschen sein müssen. Aber es war schon gedacht, daß die Christen dann innerhalb der nichtchristlichen Gesellschaft eine alternative Kraft bildeten, in der die neuen Gesetze des Reiches Gottes Geltung hatten. Das zeigt sich auch in der Tatsache, daß sich das Ordensleben mit seiner Ablehnung des Privateigentums bildete, sobald das Christentum den gesellschaftlichen Wertvorstellungen verfiel. Und selbstverständlich verliert die Person im christlichen Kommunismus nicht die Würde. Der Einzelne wird nicht auf dem Altar von Mehrheitsbeschlüssen geopfert. Er muß sich gerade durch die Zuwendung der anderen entfalten und beheimatet fühlen können.

Innerhalb der Tradition des christlichen Kommunismus bewegt sich Franz von Assisi, dessen Gedankengut für mich eine große aktuelle Bedeutung hat.

Er schließt unmittelbar an das Evangelium an, noch viel radikaler als die vorausgegangene Ordensgeschichte. Der Bruch mit der Familie und mit der Stadt und ihren Wertvorstellungen ist total. Seine Solidarität mit den Armen radikal. Seine Brüderlichkeit und sein Wille zum Teilen universal.

Vielleicht ist es gut, das eine oder andere noch profilierter herauszustellen.

1. Franz von Assisi erkannte, daß der Besitz die Menschen entzweit. Besitz grenzt ab, verlangt Zäune und Mauern, unter Umständen Waffen, um ihn mit Gewalt zu verteidigen oder zurückzuerobern. Franziskus aber wollte sich nicht abgrenzen. Er wollte teilnehmen, dabeisein (inter esse), Beziehung haben, schenken und beschenkt werden. Er wollte Bruder sein, nicht Gegner, sich mitteilender, offener Mensch, nicht ein Wesen, das in der eigenen Haut schmort, erstickt, sich abschließt. Darum konnte er dem Rat des Bischofs von Assisi nicht folgen, einen kleinen Grundbesitz zu haben (3 Gef 35).

2. Franz von Assisi erkannte, daß der Besitz wesentlich verbunden ist mit Herrschaft. Besitz verlangt nach einem bestimmten Selbstverständnis. Wer etwas besitzt, ist Herr darüber: Er kann darüber verfügen, darüber entscheiden, oft willkürlich, nach Lust und Laune. Und wer ein Brevier oder sonst etwas hat, wird bald auch die Menschen beherrschen und ihnen befehlen wollen: Bring mir das Ding! Franziskus aber wollte nicht oben sein, nicht auf dem Thron sitzen, nicht über andere verfügen. Er wollte Mitmensch sein, nicht Übermensch, Diener, nicht Herrscher. Darum wollte er in seiner Gemeinschaft keinen, wenn auch noch so kleinen Besitz (LegPer 104).

3. Franz von Assisi erkannte, daß der Besitz seine eigenen Gesetze hat. Eben habe ich zwei solcher Gesetze genannt.

Dazu gehört aber auch die Feststellung, daß der Besitz die emotionalen und intellektuellen Fähigkeiten des Menschen beeinträchtigt. Besitz will sich vermehren. Wer wenig hat, will mehr; wer viel hat, will noch mehr, immer mehr, bis er, wie in E. Kästners „Drei Männer im Schnee“, kaufen will, was er schon hat, weil er über seinen Besitz keinen Überblick mehr hat. Dabei gehen nichtmaterielle Werte wie Liebe, Hingabe, Verständnis, Zeit, Hören, Geduld, Sensibilität, Offenheit für Gott und seinen Willen usw. oft verloren, so daß es schwierig ist, daß Reiche in den Himmel kommen. Alles, auch die Religion muß sich dem Besitz unterordnen. Es entsteht der „Mammonismus“, ein Antigott, der alles für sich beansprucht. Franziskus aber wollte sich zum wahren Gott bekennen, zu all diesen genannten Werten, die der Besitz ausschließt. Er lehnte darum Geld und Besitz grundsätzlich ab (NbReg 8).

4. Franz von Assisi erkannte, daß man von den Armen aus denken und handeln müßte und daß diese ein Recht haben auf die Güter des Lebens. In den Werken des heiligen Franz gibt es nur eine einzige Stelle, an der er gehäuft ein juristisches Vokabular benützt: dort, wo er von den Besitzlosen und von den Armen spricht. Sie sollen sich nicht schämen, gegenüber den Reichen ihr Recht geltend zu machen (NbReg 9).

Aktualität

Leider habe ich nicht genügend Raum, um noch weitere Aspekte aufzuzeigen. Aber ich bin überzeugt, daß diese christlich-franziskanische Sicht heute zur Geltung gebracht werden muß. Wir müssen als Menschen, die sich an Franziskus orientieren, werbend ausgreifen auf die Gesellschaft. Wir müssen eine „franziskanische Politik“ vertreten und durchsetzen und die sog. christlichen Parteien auf die christliche Tradition verpflichten. Daß das heute nicht mehr so utopisch klingt, wie das traditionelle Kräfte immer noch behaupten, zeigt die Tatsache, daß es zunehmend auch Ökonomen, Manager und Politiker gibt, die solche Prinzipien vertreten.

Persönlich bin ich überzeugt, daß wir dann in der Lage sind, die vorhandenen Güter: Arbeit, Einkommen, Wohnung gerecht zu verteilen, sowohl weltweit wie in unseren eigenen Ländern. Vielleicht werden wir dann zwar weniger haben, aber um so mehr das Leben spüren.

X

Testament

Es ist Gott, der mir, dem Bruder Franziskus, gegeben hat, mein Leben gänzlich zu ändern und auf die Grundlage des Evangeliums zu stellen. Und das kam so:

Als ich noch in Sünden war, als Gott für meine Lebensgestaltung noch keine Rolle spielte, da war es mir jedesmal eine bittere Erfahrung, wenn Aussätzige in mein Blickfeld kamen. Doch dann fand ich mich plötzlich mitten unter Aussätzigen, Gott hat mich mitten unter sie geführt, und ich habe mein Herz für ihr Elend geöffnet. Und wie ich dann von ihnen wegging, war alles Bittere von mir abgefallen und hatte sich in Süßigkeit für Seele und Leib verwandelt. Und dann drängte es mich zu einem anderen Leben: Ich verließ die Welt, um ein Leben aus Gott zu leben.

Franziskus und die Immunschwäche AIDS

Natürlich hat es die Immunschwäche Aids zur Zeit des hl. Franz noch nicht gegeben. Und doch wissen wir, wie mir scheint, sehr genau, was er dazu gesagt und wie er sich dazu verhalten hätte.

Geißel Gottes?

Ganz sicher hätte Franziskus die Meinung nicht geteilt, es handle sich um eine Geißel, mit der Gott eine sündiggewordene Menschheit auspeitscht. Denn für Franziskus ist Gott der gute Gott. Keine andere Eigenschaft hebt Franziskus so sehr hervor, wenn er von Gott spricht. Und so oft er es tut, reiht er das Eigenschaftswort ‚gut' gleich drei-, vier-, fünf- oder sogar siebenmal aneinander, gleichsam um zu sagen: Eine höhere Eigenschaft Gottes gibt es nicht zu verkünden, etwas Anderes gibt es letztlich nicht zu sagen.

Gewiß spricht Franziskus da und dort auch vom Gericht. Aber nicht anders, als es Jesus selbst getan hat: als erschrekkende Möglichkeit, die der Mensch selbst wählen kann. Der Mensch muß Gott nur dann fürchten, wenn er sich seiner Güte verschließt. Diese Art und Weise zu reden ist vorausschauend: Wenn ich jetzt nicht gut bin mit dem guten Gott, dann werde ich eine Ewigkeit lang das sein müssen, was ich jetzt für mich gewählt habe: tot, unfruchtbar, böse. Nie aber spricht Christus und mit ihm Franz von Assisi so, daß er auf etwas zurückschaut und sagt: Das ist nun der Zorn Gottes, der alles verdirbt und zerstört.

Wer von der Geißel Gottes spricht, verkündet nicht ernsthaft die gute Nachricht, daß Gott rettet (= Jesus) und daß der Tod Jesu ein für allemal Gericht genug ist.

Isolierung?

Natürlich spricht man in einer Gesellschaft, die Sündenböcke braucht, immer wieder von der Geißel Gottes. Auch die Christen und eine religiös bestimmte Gesellschaft verfallen immer wieder Vorstellungen, die nicht auf dem Boden des Evangeliums stehen. Wir sind eben immer auch noch anderen Einflüssen unterworfen.

Auch zur Zeit des Franziskus hat man ähnlich gesprochen: Die Aussätzigen, die unten in der Ebene von Assisi ihr trostloses Leben führen mußten, waren letztlich Sünder. Sie mußten büßen für das, was sie selbst oder ihre Vorfahren gefehlt haben, ungeachtet der Tatsache, daß sich doch Jesus ganz klar von einer solchen Auffassung distanziert hat (Joh 9,3). Leider Gottes: Eine christliche Gesellschaft kann so unchristlich urteilen und noch unchristlicher handeln.

Die Aussätzigen wurden isoliert, die Beziehungen gekündigt, eine Grenze gezogen zwischen ihnen und der Stadt. Man hatte Angst und drängte die Erbarmungswürdigen in die Isolation. Die Rede von der Geißel Gottes erweist sich so als das, was sie im Grunde ist: als eine Ideologie, mit der man ein falsches Verhalten zu rechtfertigen sucht.

Als Mensch, der sich an Franziskus orientiert, bin ich betroffen über die Art und Weise, wie man mit den Aids-Kranken umgeht:

Ich bin betroffen, wenn man sie von den übrigen Menschen isoliert und wenn man mit allen Mitteln die Angst schürt und so die menschlichen Bande zerstört.

Ich bin betroffen, wenn ihretwegen selbst klösterliche Gemeinschaften aufhören, bei der Messe aus dem gleichen Kelch zu trinken, und wenn offizielle kirchliche Stellen die Kelchkommunion abschaffen.

Ich bin betroffen, wenn Bischöfe staatliche Maßnahmen gegen die Ausbreitung der Krankheit (Empfehlung von Kondomen) als Unmoral hinstellen. Natürlich ist der häufige Partnerwechsel moralisch bedenklich, aber hier geht es jetzt nicht in erster Linie darum, eine Moral zu verkünden, sondern eine Krankheit einzudämmen.

Berühren und Vertrauen

Was nottut, ist heute etwas ganz anderes. Franziskus hat es in seinem Verhalten modellhaft vorgelebt.

Nicht daß er von Geburt an ein Heiliger war. Auch er hat lange Zeit die Panikmache und den Ekel der Stadt vor den Aussätzigen mitgemacht bzw. geteilt. Doch, was ihn – mehr ungewollt als gewollt! – veränderte, war der Kuß, die Umarmung, die Berührung. Das vertrauensvolle Sich-loslassen auf den Aussätzigen hin und das Angerührtsein durch ihn wurde zur Basis für ein neues Leben. Er spürte sich plötzlich ganz anders und ganz neu. Auf dieser Basis konnte er sein Leben aufbauen, mit den Aussätzigen zusammen wollte er leben. Und als er Brüder fand, die mit ihm leben wollten, verlangte er von ihnen, daß sie mit den Aussätzigen zusammenlebten und sie pflegten. Auch sie sollten die Basis der Menschlichkeit erfahren und durch Berühren endgültig neues Leben spüren können.

Ich kann erahnen, was in Franziskus vorgegangen ist, als er den Aussätzigen umarmte. Denn ich konnte selbst einmal erspüren, wie mein Inneres von Ekel und Angst zu Freude und Glück verwandelt wurde. Ich sollte einmal für eine Zeitschrift ein Interview machen. Dabei hatte ich es zu tun mit Menschen, die sich selbst isoliert hatten von der übrigen Welt. Sie wuschen sich nicht mehr, lebten in einem Schweinestall, ließen sich von einem Hund das Gesicht ablecken. Ich habe mich richtig überwinden müssen, sie beim Friedensgruß in der Messe zu umarmen und zu küssen. Aber je mehr ich mich überwand, zeigte die Berührung ihre Wirkung. Eine neue Welt entstand.

Ich glaube nun, daß wir darum unsere Beziehungen untereinander angstfrei gestalten sollten. Zunächst sollten wir nicht in jedem Menschen einen potentiellen Aids-Träger sehen, sondern ihm ruhig unsere Nähe zeigen durch die vielfältigen Berührungen, die uns zur Verfügung stehen. Gerade christliche Gemeinschaften sollten die Handauflegung, die gemeinsame Kommunion, die sakramentale Nähe viel höher einschätzen als die mögliche Ansteckung (Es ist übrigens interessant, daß die Quellen über das Leben des heiligen Franz an bloß einer Stelle von einem Bruder sprechen, der im Kontakt mit den Aussätzigen selbst aussätzig geworden ist, und selbst dies ist zweifelhaft). Dieses Vertrauen und die Berührung tragen die Verheißung in sich: Nichts weniger als das Reich Gottes, ein neues geglücktes Menschsein in Gott entsteht in unserer Mitte. Diese Grundhaltung wird sich dann auch auswirken auf jene, von denen wir nun ausdrücklich wissen, daß sie den Keim der Krankheit in sich tragen. Auch hier muß es eine angstfreie Begegnung geben. Gerade franziskanisch orientierte Menschen sollten sich für diese Menschen einsetzen und sie geschwisterlich umarmen, nicht nur in einer leeren Geste, sondern im Sinne echter Nähe und Verbundenheit.

Information

Selbstverständlich möchte ich die Gefahren nicht verharmlosen. Aber es geht doch darum, daß wir die wirklichen Gefahren sehen und nicht die von uns selbst eingeredeten oder von der Gesellschaft aufgeschwätzten. Darum sollte man nicht auf die Schlagzeilen hören und auch nicht auf die oft verkürzten oder sogar falschen Meldungen in der Zeitung oder im Fernsehen (vor einigen Tagen erschien im französischen Fernsehen eine Schauspielerin, die über Tage und Wochen hinweg als aidskrank hingestellt wurde und die so gesund ist wie ich selbst). Wichtig ist vielmehr eine Information, die dem Sachverhalt entspricht. Man sollte etwas wissen über die verschiedenen Möglichkeiten, wie man sich anstekken kann. Und man sollte wissen, daß die eine Möglichkeit wahrscheinlicher ist als die andere und daß es solche gibt, die zwar theoretisch möglich, aber praktisch noch nicht nachweisbar sind. Wenn man sich wirklich informieren läßt, wird man sich auch entsprechend schützen können.

Richtige Information wird dann auch das möglich machen, worum es mir geht: daß auch die Aids-Kranken unsere Brüder und unsere Schwestern sind und daß wir mit ihnen in guten, auch leiblich sehr konkret erfahrbaren Beziehungen leben.

Grundlage, die sich verflüchtigen kann

Für Franziskus sind Beziehungen, die von Berührungsängsten frei sind, sehr zentral. Auf dieser Grundlage ist das ganze franziskanische Leben gegründet.

Allerdings: Diese Grundlage kann man aus dem Auge verlieren. Selbst ein Franz von Assisi ist diesbezüglich nicht konsequent genug gewesen. Sagen wir, er ist ganz einfach schwach geworden und in die Berührungsängste seines früheren Lebens zurückgefallen. Als nämlich einmal ein Bruder einen schwer gezeichneten Aussätzigen mit eiternden und blutenden Wunden in die Brüdergemeinschaft zum Mittagessen mitnahm, war es Franziskus zu viel. Er rügte den Bruder mit scharfen Worten in der Gegenwart des Aussätzigen. Sogleich erkannte Franziskus, daß er „rückfällig" geworden war. So setzte er für sich selbst und für alle Anwesenden ein Zeichen, das so bald nicht vergessen werden konnte. Er „berührte" von neuem den Aussätzigen, indem er mit ihm aus der gleichen Schüssel aß. Und was das bedeutet, kann man erst ermessen, wenn man bedenkt, daß man damals noch nicht Messer und Gabel kannte, sondern mit den Händen aß. Franziskus mußte wohl oder übel in Berührung kommen mit den verwundeten Fingern und mit Blut und Eiter, die sich mit den Speisen vermischten. So erfuhr er von neuem die Basis, auf der sein Leben sich abspielen sollte.

Nachahmung?

Selbstverständlich kann es nicht darum gehen, Kraftakte der Seele zu vollbringen. Was Franziskus hier tat, ist eine Tat, eine Buße, die er sich auferlegen mußte, wenn er seine Identität nicht verlieren wollte. Er mußte zurückkehren zur ersten Tat, zur fundamentalen Berührung, durch die er der Franz von Assisi geworden ist, den wir kennen. Für uns ist es ein prophetisches Zeichen, das uns hineinleuchten soll in unser Verhalten. Es geht nicht um die Wiederholung von Gesten, sondern um die schöpferische Gestaltung von Beziehungen, von denen niemand ausgeschlossen werden darf. Es geht um radikale Liebe, die sich einen Leib sucht, eine Geste, die Berührung und den Kuß.

XI

Fioretti 8

Es ging einmal der heilige Franz von Perugia nach Santa Maria degli Angeli mit Bruder Leo zur Winterszeit und die starke Kälte setzte ihm hart zu. Da rief er Bruder Leo, der vor ihm ging und sagte: „Bruder Leo, wenn auch Brüder unseres Ordens überall ein hohes Vorbild von Heiligkeit und Erbauung geben, so schreibe du doch und zeichne es sorgfältig auf, daß darin nicht die vollkommene Freude besteht."

Nach einer Strecke Weges rief er abermals: „O Bruder Leo, wenn auch Brüder unseres Ordens die Blinden sehend machten und die Krüppel gerade, die Teufel austrieben, die Tauben hören, die Lahmen gehen und die Stummen reden ließen, ja wenn sie, was mehr wäre, die Toten auferweckten am vierten Tage: schreibe, daß darin nicht die vollkommene Freude besteht."

Nachdem sie ein wenig weitergegangen waren, rief er laut: „Ach, Bruder Leo, wenn Brüder unseres Ordens alle Sprachen verstünden und alle Wissenschaften und Schriften, wenn sie zu prophezeien und nicht nur die Zukunft, sondern auch die Geheimnisse der Herzen und Gewissen zu offenbaren wüßten: schreibe, daß darin nicht die vollkommene Freude besteht."

Und wiederum nach einer Weile rief St. Franziskus laut: „Ach Bruder Leo, wenn Brüder unseres Ordens so wohl zu predigen vermöchten, daß sie alle Ungläubigen zum Glauben an Christum bekehrten: schreibe, daß darin nicht die vollkommene Freude besteht."

Kaum waren sie ein Stückchen weitergegangen, als St. Franziskus abermals laut rief: „Bruder Leo, du Schäfchen Gottes, wenn Brüder unseres Ordens in der Sprache des Engel reden könnten und den Lauf der Sterne und die Kräfte der Kräuter kennten; und wenn sie das Wesen der Vögel, der Fische und allen Getiers, der Menschen, der Bäume, der Steine, der Wurzeln und der Gewässer zu erfassen vermöchten: schreibe, daß darin nicht die vollkommene Freude besteht."

Unter solchem Gespräch waren sie wohl zwei Meilen gewandert, als Bruder Leo in großer Verwunderung fragte und sprach: „Vater, ich bitte dich um Gottes willen, daß du mir sagest, worin denn die vollkommene Freude besteht." Und der heilige Franziskus antwortete ihm: „Wenn wir in Santa Maria degli Angeli ankommen, naß vom Regen und steif vor Kälte, beladen mit Schmutz und geplagt von Hunger, und an die Klosterpforte pochen werden, so wird der Pförtner mißmutig herausschauen und fragen: ‚Wer seid ihr?' Wir aber werden sagen: ‚Wir sind zwei von deinen Brüdern.' Und er wird antworten: ‚Ihr sprecht nicht die Wahrheit; ihr seid vielmehr zwei Landstreicher, welche die Leute zu betrügen herumziehen und die Almosen der Armen in die Tasche stecken. Gehet eures Weges!' Und er wird uns nicht öffnen, sondern uns draußen stehen lassen in Schnee und Regen, kalt und hungrig, bis in die Nacht. Wenn wir dann so große Unbill, Grausamkeit und all das Fortweisen geduldig ertragen, ohne davon berührt zu werden oder über ihn zu murren; wenn wir still ergeben und demütig denken, daß der Pförtner uns ganz richtig erkannt hat und Gott aus ihm gegen uns spricht: dann, o mein Bruder Leo, dann schreibe, daß dies die vollkommene Freude ist. Und wenn wir nicht aufhören zu klopfen und er zornig herauskommen und uns wie nichtsnutzige Lumpen fortjagen wird mit Schimpfreden und Backenstreichen, sprechend: ‚Packt euch hier fort, ihr elenden Spitzbuben, schert euch ins Spital; hier sollt ihr weder Essen noch Herberge erhalten' und wir auch das in Geduld, Fröhlichkeit und Liebe hinnehmen: dann, o Bruder Leo, schreibe, daß hierin die vollkommene Freude ist: Und wenn wir, vor Hunger, Kälte und dem Dunkel der Nacht gepeinigt, noch dringender anklopfen und ihn unter Tränen um der Liebe Gottes willen anflehen werden, uns zu öffnen und einzulassen, und er in noch größerem Zorn sagen wird: ‚Das sind nichtsnutzige Tagediebe; ich werde ihnen nach Verdienst heimzahlen' und er mit einem Knotenstock herauskommen, uns bei der Kapuze packen, uns niederwerfen, in den Schnee stoßen und uns Hieb auf Hieb mit dem Stocke versetzen wird; und wenn wir alles das in Geduld und Fröhlichkeit über uns ergehen lassen, es als Schickung Christi erachtend, die wie um seiner Liebe willen erleiden dürfen: dann, Bruder Leo, dann schreibe, daß hier und hierin die vollkommene Freude liegt. Und nun höre die Lehre daraus: Über alle Gnaden und Gaben des Heiligen Geistes, die Christus seinen Freunden gewährt, geht es, sich selbst zu bezwingen und von Christi Liebe willen Mühen, Unrecht, Schmähungen und Drangsal zu ertragen. Denn aller der anderen Gaben Gottes können wir uns nicht rühmen, da sie nicht unser sind, sondern Gottes; weshalb der Apostel sagt: Was hast du, das du nicht von Gott hast? und wenn du es von ihm hast, warum rühmst du dich dessen, als ob du es von dir hättest? – Aber des Kreuzes der Bedrängnis und des Leides dürfen wir uns rühmen, denn das ist unser; daher der Apostel sagt: Ich will mich nicht rühmen, es sei denn des Kreuzes unseres Herrn Jesu Christi."

Die wahre Freude

Eines Tages rief der selige Franziskus bei Santa Maria Bruder Leo zu sich und sprach: „Bruder Leo, schreibe." Dieser antwortete: „Ja, ich bin bereit." „Schreib", sagte Franziskus:
Was ist wahre Freude?

Wenn ein Bote kommt und sagt
Alle Lehrer von Paris treten in den Orden ein
Dies ist nicht wahre Freude

Wenn alle Prälaten Erzbischöfe und Bischöfe
Von jenseits der Alpen
Wenn der König von Frankreich
Und der König von England
In den Orden eintreten
Dies ist nicht wahre Freude

Wenn meine Brüder zu den
Ungläubigen gehen
Wenn alle zum Glauben umkehren

Wenn ich so große Gnade von Gott habe
Daß ich Kranke heile und
viele Wunder wirke
In all dem ist nicht wahre Freude

Was ist wahre Freude?

Ich kehre zurück von Perugia
Und komme spät in der Nacht hierher
Das winterliche Wetter hat
den Boden aufgeweicht
Daß man in ihm steckenbleibt
Es ist eisig kalt
Daß die Wassertropfen am Saum der Kutte gefrieren
Und das Schienbein verwundet
Das Blut fließt aus vielen Wunden
Ich komme voll Dreck und
durchfroren zur Pforte
Nachdem ich lange geklopft und
gerufen habe
Kommt der Bruder und fragt:
Wer ist da
Ich antworte: Bruder Franziskus
Er sagt:

Geh weg
Es ist nicht die Stunde der Heimkehr
Du kannst nicht eintreten

Auf mein wiederholtes Klopfen
antwortet er:
Geh weg
Du bist ein einfältiger und
unwissender Mensch
Was willst Du bei uns
Wir sind so viele
Daß wir deiner nicht bedürfen
Und ein drittes Mal stehe ich
an der Pforte und sage:
Bei der Liebe Gottes
Nehmt mich auf für diese Nacht
Er antwortet: Nein
Geh zum Ort der Kreuzherren und
bitte dort

Wenn ich solche Geduld haben werde
Wenn mich dies nicht erschüttern wird
Dies ist wahre Freude
Und wahre Tugend
Und das Heil der Seele

Was ist wahre Freude?

Zu dieser Frage gibt es eine Antwort des heiligen Franz von Assisi. Sie hat in der Geschichte eine weite Verbreitung gefunden und ist auch heute überall bekannt. Ob sie aber auch überall verstanden wird, ist wenig wahrscheinlich.

Zwei Textfassungen

Bekannter als das von Franziskus selbst stammende „Diktat über die wahre Freude“ ist die „Geschichte von der vollkommenen Freude“, wie sie in den Fioretti erzählt wird. Beides sind hervorragende Stücke der Weltliteratur.

Wir sollten jedoch beachten, daß sich die franziskanischen Einsichten und Perspektiven nicht einfach kontinuierlich entfalten. Da gibt es kein geradliniges Weitererzählen, sondern Brüche, Akzentverschiebungen, inhaltliche Veränderungen. So ist das „Diktat über die wahre Freude" von späteren Generationen nicht einfach literarisch ausgestaltet und mit einer größeren dramatischen Spannung versehen worden.

So sprechen die Fioretti von der vollkommenen Freude, Franziskus selbst aber spricht von der wahren Freude, was doch etwas ganz anderes ist.

Die Fioretti definieren die Freude christologisch und theologisch: Die Schicksalsgemeinschaft mit Christus, die treue Verbundenheit in Leiden und Kreuz, ist der eigentliche Grund der Freude. So theologisch ist das Diktat des heiligen Franz gar nicht. Für uns moderne Menschen ist zugänglicher, wenn er die wahre Freude mehr in psychologische Zusammenhänge stellt: daß ich in allen Verfolgungen und äußeren Mißlichkeiten Geduld bewahre, nicht durcheinandergerate, mir die Tugend und das Heil der Seele bewahre und – um es modern auszudrücken – mit mir selbst identisch bleibe, das ist der eigentliche Grund, sich zu freuen.

Mögliche Gründe der Freude

Die Fioretti erzählen von vier Gründen, die Anlaß zur Freude sein könnten, aber alle vier Gründe haben mit dem Franziskanerorden zu tun: Er blüht nach innen und außen, ist ein Vorbild für die ganze Welt (Grund 1), durch ihn geschehen alle Wunder, die im Evangelium beschrieben sind (Grund 2), seine Predigten sind so wirksam, daß sich alle Ungläubigen bekehren (Grund 3), er vereint alle Wissenschaft und Weisheit, alles Geheim- und Hintergrundwissen der Welt (Grund 4). Das sind sicher – wer möchte das bestreiten – vier großartige, wunderbare, wenn auch utopische Gründe, sich zu freuen, aber eben alle auf die eigene enge Welt konzentriert.

Ganz anders dagegen bei Franziskus selbst. Er nennt fünf Gründe, alle ebenfalls utopisch und sicher auch für Franziskus selbst echte Gründe zur Freude. Ich interpretiere aktualisierend:

Grund 1: Die Universität, die ganze gebildete Welt, Wissenschaft und Technik bekehren sich zur franziskanischen Lebensweise – welche Perspektive!

Grund 2: Die kirchliche Institution, die ganze Amtskirche wird ein einziges Ereignis des Heiligen Geistes, alle Korruption, alle Blindheit des Amtes, aller geschichtlicher Ballast, alle Schwerfälligkeit des kirchlichen Bürokratismus, alle strukturelle Sünde der Kirche sind verschwunden, die ganze Kirche macht sich die franziskanische Lebensweise zu eigen – welche Freude und welche Hoffnung!

Grund 3: Die irdischen Machthaber, der ganze politische, ökonomische, gesellschaftliche Bereich läßt sich von franziskanischen Wertvorstellungen leiten: Ökologie, Frieden und Gerechtigkeit, die radikale und konsequente Solidarität mit den Armen, das Leben nach dem Evangelium, alles ist für das öffentliche Leben bestimmend geworden – welcher Traum!

Grund 4: Die ganze nichtchristliche Welt, die Ungläubigen, die Andersgläubigen, die Kommunisten und Atheisten, die Materialisten und Kapitalisten, die ganze Welt bekennt sich zur franziskanischen Lebensweise, die franziskanische Missionstätigkeit ist zum Ziel gelangt – welche Aussicht!

Grund 5: Er selbst, Franziskus, ist völlig durchlässig geworden für Gott und seine heilende Kraft, so daß alle Menschen das Heil erfahren – was sollte man sich anderes wünschen?

Erfolg und Freude

Man spürt dem Diktat des heiligen Franz an: Die junge franziskanische Bewegung hat einen so großartigen Zulauf, daß die Brüder schon in die Tausende gehen und vom überwältigenden Erfolg beinahe blind werden für das Eigentliche. In dieser Situation stellt Franziskus die wahre Freude heraus:

Das alles mag gut, schön, ja wunderbar sein, ein wirklicher Grund, sich zu freuen, aber das noch größere Wunder wäre, daß man der göttlichen Berufung, sich selbst treu bleibt, seine Identität auch in den schrecklichsten Erlebnissen bewahrt. Was nützt es, wenn wir die ganze Welt gewinnen, aber selbst zugrunde gehen, kein Profil mehr haben, keine Berufung und keine Perspektive. Mein Ich, mein Leben, das, was mich lebendig macht, die Seele ist wichtiger. In der Identität mit sich selbst liegt der wahre Grund zur Freude. Gerade in einer Zeit, in der man überall den leichten Erfolg verheißt und zum eigentlichen Ziel und zur ständigen Motivation hochstilisiert, sollten wir auf Franziskus hören.

Über gesellschaftliche Institutionen hinaus!

Um Bruder Leo auf die tiefere und eigentliche Freude aufmerksam zu machen, nennt Franziskus in einem dritten Anlauf die Bekehrung des Königs von Frankreich und des Königs von England. Vielleicht darf man darin abstrahierend *ganz allgemein gesellschaftliche Institutionen bzw. deren Vertreter* sehen. Auch die beiden vorausliegenden Gründe zur Freude könnten wir diesem Aspekt zuordnen: die Universität und die Kirche als institutionelle Größen.

1. Die Fragestellung

Es dürfte sich von selbst verstehen, daß eine „Bekehrung“ von gesellschaftlich bedeutsamen Funktionären verschiedene Fragen aufwirft.

Zunächst stellt sich die Frage, ob eine solche Bekehrung von einem franziskanischen Gesichtspunkt aus überhaupt beabsichtigt ist. Gehört es zur *ursprünglichen Sendung* des heiligen Franz, nur auf je einzelne Menschen einzuwirken oder auch auf die Gesellschaft als solche? Zielt die franziskanische Sendung nicht gerade auch auf die gesellschaftlichen Macht- und Entscheidungszentren?

Wenn ja, dann schließt sich aber unmittelbar eine zweite Frage an: *Darf man sich nicht freuen* für den Fall, daß die missionarische Dynamik im gesellschaftlichen Bereich Früchte bringt und die „Franziskanisierung der Gesellschaft“ Erfolg hat?

Dies wiederum führt zu einer dritten Frage: Ist im Falle der Bekehrung von „very important persons“ aus den gesellschaftlichen Institutionen (Politik, Wissenschaft, Kirche ...) nicht umgekehrt auch die *Gefahr einer „Vergesellschaftung des Franziskanischen“* gegeben? Ist es für eine Lebensform, die sich zur „minoritas“ bekennt, nicht kontraproduktiv, wenn sie durch die Bekehrung höchst angesehener Persönlichkeiten des öffentlichen Lebens gesellschaftliches Ansehen und öffentliche Geltung bekommt? Verliert sie dabei nicht ihre ursprüngliche Identität?

Schließlich stellt sich – sozusagen gleichwertig – eine vierte Frage: Müßte es eigentlich bei der Einflußnahme auf die Gesellschaft nicht auch, wenn nicht sogar primär, um *die Bekehrung der Institutionen und Strukturen* gehen? Was ist gewonnen, wenn nur die Funktionsträger sich bekehren, dann aber durch andere ersetzt werden?

Ich meine, daß sich Franziskus dieser Fragestellung – wenn auch nicht bis in letzte Konsequenzen hinein, jedoch bezogen auf das Wesentliche – bewußt war, als er Bruder Leo die wahre Freude lehrte.

2. Der historische Hintergrund

Der „Sitz im Leben“ des Diktates über die wahre Freude dürfte denn auch der unvorstellbare Erfolg des heiligen Franz sein. Der faszinierende Einfluß der jungen franziskanischen Gemeinschaft auf gesellschaftlich bedeutsame Personen ist von Anfang an gegeben. Schon Bernhard von Quintavalle und viele andere „boni viri“ (Petrus Catanii, Rufinus ...) verweisen auf die Tatsache, daß es gerade Reiche und Mächtige sind, die die franziskanische Lebensform wählen. Und das nicht nur in der Stadt Assisi und in anderen feudal-bürgerlichen Gesellschaften, sondern auch in den päpstlichen und bischöflichen Kurien. Jakob von Vitry berichtet schon 1216 von einem Landsmann des Papstes, einem gewissen Frater Nicholaus, der die Kurie verlassen habe und zum Minderbrüderorden übergelaufen sei. Der Papst habe ihn jedoch zurückgerufen: „quia valde necessarius erat domno pape", d. h.: „weil er dem Herrn Papst sehr notwendig war (Vitry, 76). Und 1220 bezeichnet der gleiche Autor die Minderbrüder als „gefährlich", weil ihre Faszination so umfassend und so allgemein war. Als Beispiele nennt er Reinerus, der als Prior eine nicht unbedeutende gesellschaftliche Stellung einnahm, Colinus Anglicus und Matheus, offenbar bedeutende Mitglieder seines Klerus, und den Theologieprofessor („magister") Michael (dem später bedeutendere folgen sollten: Antonius von Padua, Alexander von Hales, Bonaventura, die zum Teil ihre Lehrstühle an der Pariser Universität beibehielten oder einen eigenen Lehrbetrieb eröffneten). Andere kann Jakob von Vitry kaum zurückhalten (ebd., 131). Es ist anzunehmen, daß die Zeit zwischen 1216 und 1220 auch das Datum ist, an dem das Diktat entstand.

Was die politische Welt betrifft, wird sich erst später erweisen, daß Franziskus mit der Möglichkeit, daß sich auch Könige bekehren, nicht unbedingt zu hoch gegriffen hat. Es sei nur an die heilige Elisabeth von Thüringen erinnert, die sich von Franziskus angezogen wußte und sich nach dem Tod ihres Gatten zu einem konsequenten Leben in Armut entschloß und auf ihre Weise die „minoritas" des heiligen Franziskus ausformte († 1231). Das gleiche gilt für die Tochter des böhmischen Königs Ottokar I. († 1230), die zum Erstaunen der Welt und zur unvorstellbaren Freude der heiligen Klara dem weiblichen Zweig der franziskanischen Familie beitrat: „Ich habe den ehrenwerten Ruf Eueres heiligen Wandels und Lebens vernommen, der nicht nur mir, sondern beinahe auf der ganzen Welt rühmlich bekannt ist; darüber *freue ich mich sehr im Herrn und juble; nicht nur ich allein vermag darüber zu frohlocken, sondern alle, die den Dienst Jesu Christi tun oder zu tun verlangen.* Ihr hättet außer anderem Prunk, Ehren und weltlicher Würde den außerordentlichen Ruhm genießen können, mit dem erlauchten Kaiser [Friedrich II.: A.R.] rechtmäßig verehelicht zu werden, wie es Eurer und seiner Hoheit geziehmt hätte. Trotzdem aber habt Ihr das alles verschmäht. Ihr habt mit ganzer Seele und Herzensneigung die heiligste Armut und leibliche Not erwählt und einen Bräutigam edleren Geschlechts genommen, den Herrn Jesus Christus" (Klara von Assisi, 1. Brief an Agnes von Prag 2).

Im Laufe der Geschichte wird es immer wieder zu solchen spektakulären Bekehrungen kommen. Vor allem wird die Poenitentenbewegung, die dann später zum franziskanischen Dritten Orden wird, zu einem Auffangbecken für Menschen, die – unter Beibehaltung ihrer gesellschaftlichen Stellung – die franziskanische Lebensweise suchen (Ludwig IX. und andere).

3. Die gesellschaftliche Zielrichtung der franziskanischen Mission

Der historische Hintergrund, vor dem sich das Diktat über die wahre Freude abspielt, drängt nun auch der Reihe nach zur Beantwortung der oben gestellten Fragen.

3.1 Es gilt zu beachten daß *sich die franziskanische Bewegung zunächst von den gegebenen Macht- und Entscheidungszentren wegbewegt.* Franziskus will sich gerade nicht mit den gegebenen Verhältnissen in Assisi identifizieren, sondern wählt mit allen dazugehörenden Konsequenzen das „Leben am Rande", ja außerhalb der Gesellschaft: Das „exivi de saeculo" (= ich zog aus der Welt: Test 3) bedeutet konkret: Leben „unter gewöhnlichen und verachteten Leuten, unter Armen und Schwachen und Aussätzigen und Bettlern am Wege" (NbReg 9,2). Mit diesem gesellschaftlichen

Standortwechsel wird ein neues Zentrum gewonnen: „die Demut und Armut unseres Herrn Jesus Christus" (NbReg 9,1). Und das verträgt sich schlecht mit Funktionen, welche eine ganz andere Wertvorstellung (Macht, Besitz ...) repräsentieren: Kämmerer (= staatliche Geld- und Vermögensverwaltung), Kanzler (= Stadtschreiber und andere politische Ausführungsorgane) und jede Form von „Leitungsämtern" (vgl. NbReg 7,1) sind keine franziskanischen Möglichkeiten. Das gilt wohlverstanden auch für das Bischofsamt: „Herr, meine Brüder sind, wenn sie es recht erkennen, auf eine hohe Stufe gestellt, und ich werde, soweit es in meinen Kräften steht, nicht erlauben, daß sie eine andere Art der Würde erlangen ... Herr, Mindere sind meine Brüder deswegen genannt, damit sie sich nicht herausnehmen, Höhere zu werden. Ihre Berufung lehrt sie, auf der untersten Stufe zu bleiben und den Spuren der Demut Christi zu folgen, damit sie einst, wenn den Heiligen vergolten wird, mehr als die anderen erhöht werden. Wenn ihr wollt, daß sie in der Kirche Gottes Frucht bringen, dann erhaltet und bewahret sie in dem Stande, zu dem sie berufen sind, und führt sie, selbst wider ihren Willen, auf den Basisstand zurück. Ich bitte daher, Vater, laßt sie unter keinen Umständen zu kirchlichen Ämtern emporsteigen, damit sie nicht um so stolzer werden, je ärmer sie sind, und gegen die übrigen sich überheblich zeigen!" (2 Cel 148). Interessant sind diesbezüglich die Gewissensbisse, welche über Franziskus kamen wegen seines allzu häufigen Verkehrs bei gesellschaftlichen (vor allem kirchlichen) Funktionsträgern: „Es kann sein, daß Gott seine Gastalden [Ordnungshüter, die Macht, die einschreitet, sobald die Ordnung verletzt wird: A.R.] deshalb auf mich losstürzen ließ, weil mein Aufenthalt am Hofe hoher Herren den anderen kein gutes Beispiel gibt. Wenn meine Brüder, die in ärmlichen Niederlassungen wohnen, hören, daß ich bei Kardinälen weile, werden sie vielleicht vermuten, ich schwelge in Überfluß und Wonnen. Deshalb, Bruder, halte ich es für besser, daß derjenige, der anderen zum Beispiel gesetzt ist, Fürstenhöfe meide und diejenigen, die Armut und Not tragen, dadurch stärke, daß er ähnliches auf sich nimmt." Ebenso bezeichnend ist die Härte, mit der Thomas von Celano (1246!) mit denen umgeht, die – unter Gehorsam! – innerhalb des bestehenden Systems Funktionen angenommen haben: „Möchten sich das die Hofbrüder merken und wissen, daß sie Fehlgeburten sind, die aus dem Schoße ihrer Mutter gezogen wurden. Nicht den Gehorsam verurteile ich, sondern den Ehrgeiz . . ." (2 Cel 120).

Es handelt sich bei der franziskanischen Lebensform also um eine *Alternative,* die zu einer ganz anderen Organisationsform drängt: zu einem herrschafts- und machtfreien Raum, in dem die Geschwisterlichkeit (vgl. A. Rotzetter, Geschwisterlichkeit – Mystische Erfahrung und politisches Ziel) und das gegenseitige Dienen und Aufeinanderhören die organisierenden Gedanken sind, zu einer Gemeinschaft, in der Gott konsequent als Güte und Liebe interpretiert ist, als Geheimnis, das sich bis ans Kreuz solidarisch mit den Armen und Schwachen dieser Erde verbindet und nun auch in der Lebensform der „minoritas" innerweltlich greifbar und sozial erfahrbar wird. Daraus folgt, *daß sich „Gesellschaft" und „Minderbrüder" unvereinbar und unvermischbar gegenüberstehen.*

3.2 Das heißt nun gerade nicht, daß sie einfach in einer friedlichen Koexistenz nebeneinander bestehen können. Einerseits will die Gesellschaft die Minderbrüder wie auch die Klarissen und Poenitenten integrieren, ein Vorgang, den Thomas von Celano als „Fehlgeburt" bezeichnet. Andererseits ist die franziskanische Bewegung auf die Gesellschaft und ihre Institutionen missionarisch bezogen.

Die *missionarische Zielsetzung* ist nichts anderes als die „Franziskanisierung der Welt". Das mag überheblich klingen, wird aber verständlich, sobald man sich folgende Gedankenreihen überlegt.

Die Armutsbewegung, von der Franziskus der Höhepunkt ist, ist im Grunde eine „neue Interpretation einer Religion" (V. Mathieu, 201), also im eigenen subjektiven Bewußtsein nicht einfach eine Variante neben anderen. Franziskus hatte kein elitäres Bewußtsein von Christentum. Für ihn gab es keine Beliebigkeit, nicht verschiedene Formen des christlichen Lebens, unter denen der Christ frei wählen könnte. Er wollte das Evangelium leben und war überzeugt, daß seine Lebensform jene sei, die vom Evangelium her intendiert und somit eigentlich die einzig mögliche war. Bezeichnend sind die Worte, mit denen Franziskus die Reichen bedenkt: Man soll sie nicht verurteilen, „denn unser Gott ist auch ihr Gott, mächtig, jene zu sich zu berufen und sie als Berufene zu rechtfertigen. Er sagte, er wolle, daß die Brüder diese Leute wie ihre Brüder und Herren verehrten. Sind sie doch Brüder, insofern sie vom *einem* Schöpfer geschaffen sind; Herren werden sie genannt, insofern sie die Guten, denen sie das zum Leben Notwendige gewähren, unterstützen, das Bußleben zu führen" (3 Gef 58). Mit anderen Worten: Die franziskanische Bußbewegung sieht sich auf der Seite „der Guten", die Reichen dagegen sind essentiell (von der Schöpfung her) und potentiell (von der Bekehrung her) Brüder! Dieser Aussage entspricht genau die franziskanische Bußpredigt, die ja bekanntlich darauf zielt, den Menschen die Realisierung der Geschöpflichkeit nahezubringen und sie zur evangelischen Radikalität zu bekehren (Buße) (NbReg 21).

Dem entspricht auch, wie die franziskanische Mission definiert wird: als „Legatio pacis et poenitentiae" (3 Gef 39), als Auftrag, die ganze Welt und alle Menschen zur Bekehrung aufzurufen, und zwar – das würde eine genauere Analyse der Schriften des heiligen Franz ergeben – im Sinne des franziskanisch verstandenen Evangeliums. Daß er mit seiner Predigt die Gesellschaft bis in ihre Macht- und Entscheidungszentren hinein erreichen will, zeigt

– die Tatsache, daß er vor Kardinälen und in den Bürgerkirchen (S. Rufino) predigt;

– NbReg 23, wo er nahezu die gesamte soziologisch greifbare und institutionell wirksame Christenheit anspricht;

– der Brief an die Gläubigen „in der ganzen Welt“ (BrGl II, 1), in dem er mindestens eine gesellschaftliche Funktion, nämlich die des Richters, speziell anspricht und dabei zu einer Gnadenjustiz aufruft (BrGl II, 28; vgl. dazu BrMin);

– der Brief an die Lenker der Völker (BrLenk), in dem die Politiker in eine letztgültige Verantwortung gestellt und sogar zu Erlassen aufgefordert werden, die dem franziskanischen Anliegen entsprechen;

– die Entwicklung einer eigenen Methodik (NbReg 21), nämlich die obengenannte franziskanische Bußpredigt, zu der auch der Sonnengesang zu rechnen ist, mit dem Franziskus zwei Exponenten verschiedener Sozialsysteme (Kirche und Stadtrepublik) versöhnte.

Die Zielrichtung ist also klar: Es geht um die Bekehrung der Welt zum franziskanisch verstandenen Evangelium. Diese Bekehrung führt zu einer auch äußerlich erkennbaren Distanz und in eine neue Institution, die drei neuen Ordnungen, die mit Franziskus im Zusammenhang stehen: zu den Minderbrüdern, den Schwestern von San Damiano und den Poenitenten, bei denen die Ausgliederung aus der Gesellschaft andere Formen annahm.

So sehr die Zielrichtung klar ist, so sehr war auch die Methode eindeutig: Die „Franziskanisierung“ der Gesellschaft, was für Franziskus gleichbedeutend war mit „Evangelisierung“, entsteht *allein durch die Faszination der Alternative,* nicht aber durch den „Gang durch die Institutionen“.

3.3 Wir wissen, daß die Geschichte andere Wege gegangen ist. Die franziskanische Bewegung hat ihre alternative Kraft verloren und sich mit den gesellschaftlichen Kräften arrangiert. Sie hat unbekümmert den „Gang durch die Institutionen“ angetreten.

Im Bereich der Kirche gibt es heute auf allen Stufen wie selbstverständlich Funktionsträger. In den Ordensprovinzen werden große Feste gefeiert, wenn ein Mitglied Bischof oder gar Kardinal wird (und in der Vergangenheit Papst). Im

Bereich der Wissenschaft gibt es heute immer mehr Professoren aus den franziskanischen Orden. Am wenigsten ist die Eroberung der Institutionen im Bereich der politischen Systeme feststellbar. Ich möchte an dieser Stelle nicht eigentlich das Faktum interpretieren, sondern nur grundsätzlich einen kritischen Gedanken einführen.

Haben wir nicht zu sehr vergessen, daß *Ziel und Methode miteinander verbunden* sind? Wir wollen eine Gesellschaft, in denen die Armen und Schwachen das Zentrum sind! Können wir dann innerhalb eines Systems, das fortzu Arme und Schwache hervorbringt und an den Rand drängt, Funktionen übernehmen? Bedeutet der „Gang durch die Institutionen" Kirche, Wissenschaft, Politik nicht notwendiger Weise den Verlust der ursprünglichen Zielsetzung und damit auch der missionarischen Kraft? Müßte man sich innerhalb der franziskanischen Bewegung nicht viel mehr Gedanken machen zum Thema „Alternative"? Und müßten nicht viel mehr „alternative Lebensmodelle" herausgebildet und gelebt werden, in denen das franziskanische Zentrum „die Demut und die Armut unseres Herrn Jesus Christus" bzw. die Solidarität mit den Armen aufleuchtet?

4. Das institutionelle Prestige

Es kann keine Frage sein: Freude ist jedesmal gerechtfertigt, wenn sich ein neuer Bruder oder eine neue Schwester zur franziskanischen Lebensform bekennt. Diese Freude kann um so intensivere Formen annehmen, je mehr der Bruch mit der Gesellschaft gekostet hat, und das Opfer ist doch um so größer, je höher einer in der gesellschaftlichen Hierarchie steht. Der oben zitierte Ausschnitt aus einem Brief an die heilige Agnes von Prag zeigt die ehrliche Freude der heiligen Klara über die Bekehrung einer so hohen Frau und spiegelt darüber hinaus den Jubel, der durch die ganze franziskanische Welt zieht. Nur muß man sich natürlich auch bewußt sein, daß die Aufnahme solcher Funktionsträger Auswirkungen hat auf die organisatorische Ausgestaltung der alternativen Lebensform bzw. auf den notwendigen Prozeß der Institutionalisierung derselben.

4.1 Die *Institutionalisierung* ist ein ebenso problematischer wie notwendiger Vorgang (vgl. T. Desbonnets). Eine religiöse Botschaft „entsteht in jemandem (der eines Tages vielleicht zum Heiligen werden wird) als ein Gefühl; sie wird dann in seinem Geist in Worte gefaßt; sie wird anderen gepredigt; sie existiert schließlich über ihren Gründer hinaus, wenn sie zur Institution einer Kirche wird, eines Ordens, einer wohltätigen Stiftung, einer Reform" (V. Mathieu, 199). Die „Verkörperung des Geistes" (ebd., 200) in der Regelung gemeinsamer Anliegen und in der Verbindlichkeit einer Lebensform ist eine innere Notwendigkeit, wenn es überhaupt zu einer Gemeinschaft kommen soll, die über einen Tag hinaus Bestand hat. Auf der anderen Seite ist die „Konkretisierung in einem unabhängigen Organismus" oft auch Verrat, Abfall, Anpassung. „Die Unzufriedenheit angesichts der Institutionen und Organisationen ist berechtigt; aber es ist nicht berechtigt, sie nur als Gegenteil des Lebens zu verstehen. Eine Institution ist etwas Lebendiges und hat als solches auch viele Fehler; aber es wäre sinnlos", sie deswegen abzulehnen (200). Sowohl die zahlenmäßige Vermehrung als auch die geographische Ausweitung verlangen Konzessionen, Kompromisse, aber auch Kreativität und die Fähigkeit, die ursprüngliche Erkenntnis in neue Möglichkeiten hinein zu konkretisieren. Es dürfte heute klar sein, daß Franziskus diesen Weg der Institutionalisierung nicht nur bejaht, sondern auch selbst, was die konkrete Richtung anbetrifft, bestimmt hat: die verschiedenen Regelredaktionen, in denen die organisierenden Gedanken (die Demut und Armut Christi = Solidarität mit den Armen; Geschwisterlichkeit: vgl. BReg 6) unverändert in neue Verhältnisse übertragen werden; die Errichtung einer Modellgemeinschaft in Portiuncula, die Einrichtung des Kardinalprotektors, die unerhörte Einführung einer rein spirituellen Funktion neben der organisatorischen des Generalministers (und zwar des „Modellbruders", einer

Funktion, die Franziskus von 1221 an ausfüllt und testamentarisch auf Bruder Bernhard von Quintavalle überträgt: Seg-Bern), um der Eigengesetzlichkeit der Institutionalisierung entgegenzuwirken, und noch andere Maßnahmen. Auf der anderen Seite bedeutete dieser Prozeß der zunehmenden Institutionalisierung auch Leiden und Schmerz, ja Protest, der zum Teil auch noch im Testament greifbar wird.

4.2 Dieser notwendige Prozeß wird nun noch einmal erschwert, wenn Funktionsträger aus den gesellschaftlichen Systemen in die neue Lebensform übertreten. Nach R. Manselli, dessen Buch überhaupt ein wichtiger Beitrag zur Frage der Institutionalisierung darstellt, stellte sich das Problem schon ganz am Anfang, nämlich beim Übertritt des Priesters Petrus Catanii in den Orden (vgl. Franziskus, Der solidarische Bruder, 82ff). So willkommen jeder Bruder ist und so berechtigt die Freude sein mag, man muß sich im klaren sein, *daß mit dem Übertritt von systemtragenden Funktionären in die franziskanische Lebensform irgendwie auch das System mitkommt.* Dazu braucht es gar keine schlechte Intention, das ist schlicht und einfach ein Faktum.

Kirchliche Amtsträger tragen ihr *Amtsverständnis* in die Gemeinschaft hinein und beanspruchen früher oder später aufgrund ihrer Weihe Sonderrechte. Und wenn sie gar seelsorglich tätig sein wollen, dann bleiben sie eingebunden in übergeordnete Pastoral- und Kirchenkonzepte. Zu Lebzeiten des heiligen Franz konnten die dem Priesteramt immanenten Ansprüche zurückgebunden werden (vgl. etwa NbReg 17,5, wo ganz eindeutig eine Rückbindung des Priester- und Predigeramtes in die allen gemeinsame Grundform der „Humilitas“ vorliegt). Doch schon bald nach dem Tod des heiligen Franz setzen die Schwierigkeiten zwischen Priestern und Laien innerhalb des Ordens massiv ein, bis dann 1239 der Laienbruder Elias von Cortona durch die Priesterpartei abgesetzt wird (vgl. L. Tier). Die Klerikalisierung des Ordens ist damit im wesentlichen durchgesetzt. Obwohl der

Franziskanerorden bis zur Neuordnung des Kirchenrechtes 1917 rechtlich gesehen eine Bruderschaft blieb, was der Orden in einem jahrzehntelangen Kampf seit dem 2. Vatikanischen Konzil vergeblich wieder werden möchte, zeigt die Geschichte faktisch schon vorher die Vorherrschaft der Priester über die Laien. Damit ist aber das ursprüngliche Ideal des heiligen Franz verraten: Statt am Rande der Institution Kirche steht man wieder in der Mitte.

Der gleiche Prozeß zeigt sich auf einer zweiten Ebene der Institution. Selbstverständlich darf man sich freuen, wenn ein gebildeter Bruder oder eine gebildete Schwester kommt, man muß sich aber bewußt sein, daß da unter Umständen ein trojanisches Pferd in die Stadt kommt. Sobald Funktionäre der *Wissenschaft,* Professoren, in die franziskanische Gemeinschaft eintreten, bringen sie auch ein bestimmtes Denken und eine bestimmte Methode mit. Zwar überträgt Franz von Assisi Antonius von Padua den „theologischen Lehrbetrieb" im Orden, um es einmal großspurig zu sagen. Allerdings bindet er diesen auch an die allen gemeinsame Bedingung von „Gebet und Hingabe" (vgl. BrAnt und RegB 5,2). Aber schon zu Lebzeiten des heiligen Franz kommt es wiederum zum Streben nach Bildung und zu einer eigengesetzlichen Entwicklung, der man sich schließlich nicht entziehen konnte: Bildung wird wieder Privileg innerhalb des Ordens und bedeutet soziales Ansehen außerhalb desselben (vgl. den Pariser Universitätsstreit, der schließlich durch päpstlichen Eingriff zu Gunsten der Bettelorden entschieden wird). Man sage nicht, Franziskus wäre sich dieser Eigengesetzlichkeit nicht bewußt gewesen.: „Wenn du einmal ein Psalterium hast, willst du auch ein Brevier haben. Und wenn du ein Brevier hast, willst du bald auf einem Lehrstuhl sitzen, dann wirst du wie ein großer Prälat dem Bruder sagen: Bring mir das Brevier" (CompPer 104). Mit der Integration des universitären Denkens und der wissenschaftlichen Methode ist jedoch das ursprüngliche Ideal des heiligen Franz aufgegeben: Statt am Rande steht die Gemeinschaft plötzlich wieder in der Mitte der Gesellschaft.

Etwas anders, aber nicht wesentlich verschieden, stellt sich der Prozeß auf der dritten institutionellen Ebene dar. Mit jedem Eintritt einer gesellschaftlich bedeutsamen Person ist von vornherein ein Gewinn an sozialem Prestige verbunden. Die ursprüngliche Verachtung der Minderbrüder und der Schwestern von San Damiano weicht dem einzigartigen Ansehens in der Öffentlichkeit. Und auch innerhalb des Ordens sind Veränderungen zu erwarten, weil auch hier das System mitkommt: Psychologische Gesetze verlangen ihr Recht (eine Königstochter kann doch nicht den Kochlöffel in die Hand nehmen!) und führen zu Privilegien; familiäre Verpflichtungen und Verbindungen spielen (Geschenke, Testate, Erbteile). Und so wird das ursprüngliche Ideal des heiligen Franz noch einmal verraten: Statt am Rande der Gesellschaft steht man wieder im Mittelpunkt.

Insgesamt muß man sagen, daß der Minderbrüderorden und mit ihm verbunden auch die Schwestern der heiligen Klara über den an sich selbstverständlich notwendigen Institutionalisierungsprozeß hinaus von den Faktoren gesellschaftlicher Institutionen so sehr geprägt wurden, daß man schließlich von einer *„Verweltlichung“, von Anpassung und Angleichung an die übergeordneten gesellschaftlichen Systeme* sprechen muß. *Statt daß die Gesellschaft sich verändert, verändert sich nun die ursprüngliche Alternative in eines der vielen miteinander konkurrierenden gesellschaftlichen Subsysteme.*

Angesichts dieser Entwicklung muß man sich nochmals auf das besinnen, was Franziskus als die eigentliche Freude hinstellt: Die Verachtung, die ihm ins Gesicht schlägt, spiegelt die gesellschaftliche Ächtung wieder, welche die franziskanische Lebensform am Anfang erleiden mußte. Auf die soziale Integration kommt es gerade nicht an, sondern vielmehr darauf, daß man der ursprünglichen Berufung und Sendung, der Identität und Kontinuität als soziale Alternative treu bleibt. Die Treue und Beharrlichkeit, die Unbeirrbarkeit, mit der man am Ursprung festhält, ist die eigentliche Freude.

4.3 So stellen sich uns heute eigentlich in diesem Zusammenhang eine ganze Reihe von Fragen und Problemen.

a) Zunächst stellt sich die Frage nach der *„Institutionalisierung"* ganz allgemein. So notwendig diese ist, so akzidentiell, reversibel sollte sie eigentlich sein. Mit anderen Worten: Die „Institution Orden" sollte sich nicht loslösen vom fließenden Leben, sollte Leben ermöglichen, nicht verhindern, Leben kanalisieren, nicht ersticken. Ich nenne ein Beispiel: Wir haben überall in der Welt Austritte gehabt, weil Brüder sich nicht an den Zölibat halten konnten. Aber läßt sich das nicht institutionell lösen, indem man die Lebensform Ehe nicht ausgliedert, sondern einbezieht? Könnten die organisierenden Gedanken Armut und Gehorsam in ihrer franziskanischen Interpretation als Solidarität und Geschwisterlichkeit nicht auch die Ehe einbeziehen? Die Kreativität und Phantasie, theologisch gesprochen: der Heilige Geist, müssen dem institutionellen Rahmen vor- und übergelagert bleiben. Die franziskanische Institution muß den innewohnenden Gesetzen von Vermehrung, Selbsterhaltung, ja Selbstvergötterung abschwören. „Göttliches Recht" zur Rechtfertigung von Strukturen ist schon bezogen auf die Kirche eine fragwürdige Sache, bezogen auf den Orden aber mit Bestimmtheit unverantwortliche Ideologie! Hingegen gilt es, für die auch heute notwendige Institutionalisierung *die organisierenden Gedanken herauszustellen,* um das eigene Gesicht nicht zu verlieren. Und das sind, wie schon öfter gesagt, „die Demut und Armut Christi", im Gefolge der radikalen Verausgabung der Liebe Gottes (Kenosis!) in der Menschwerdung und im Kreuz, verstanden als konsequente Solidarität mit den Armen und als konsequente Geschwisterlichkeit.

b) Nachdem nun einmal Priesteramt und wissenschaftliches Denken reale Faktoren innerhalb der franziskanischen Bewegung geworden sind, gilt es, sich ernsthaft Gedanken zu machen über ein *alternatives Verständnis von Priestertum und Wissenschaft.* Wenn man die Kraft anschaut, die im franziskanischen Alternativentwurf an und für sich liegt, müßte das eigentlich zu einem ganz anderen Priesterbild und wissenschaftlichen Denken führen. Ich bin überzeugt, daß sich in den Basisgemeinden und in der Befreiungstheologie diese Alternative anzeigt. So müßten sich eigentlich alle Priester und alle Wissenschaftler innerhalb der franziskanischen Gemeinschaft um ein „Barfüßerpriestertum" und um eine „Barfüßerwissenschaft" bemühen (vgl. die entsprechenden Phänomene im chinesischen Kommunismus).

c) Die franziskanische Bewegung sollte sich insgesamt fragen, wie sie sich wieder als *Alternative* profilieren kann. Sie darf nicht einfach eines von vielen Subsystemen von Kirche und Gesellschaft sein. Ein Subsystem lebt von den gleichen Werten wie das übergeordnete Ganze. Selbstverständlich kann ein Orden, der insgesamt ein großes gesellschaftliches Prestige errungen hat, nicht einfach von oben herab und von heute auf morgen eine größere Konfliktfähigkeit verordnen. Doch müßten in allen Provinzen Freiräume entstehen, in denen Brüder- und Schwesterngemeinschaften nach alternativen Wertvorstellungen leben. Andererseits ist das geschichtlich gewachsene Prestige auch ein Faktor, den man in das politische Kräftespiel der Gesellschaft einbringen muß. Denn nachdem wir immer mehr erkennen, daß die gesellschaftliche Ordnung, in der wir als franziskanische Gemeinschaft leben, nach ökonomischen und politischen Kriterien und Gesetzen funktioniert, die fortwährend Arme produziert, wird es zur spirituellen und moralischen Pflicht, im Interesse der Armen und Opfer aufzutreten und sich einzusetzen. Darüber wird gleich noch mehr zu sagen sein.

d) In diesem Zusammenhang sei auch ein *offenes Wort an die Adresse der heutigen Kirchenleitung* erlaubt. Als franziskanische Gemeinschaft sind wir als Alternative zur mittelalterlichen kirchlichen und politischen Ordnung entstanden und als solche von Papst Innozenz III. und seinen Nachfolgern als kirchliche Lebensform anerkannt worden. Die Größe dieses Papstes lag gerade darin, daß er den alternativen Charakter der vorfranziskanischen Gemeinschaften erkannte und diese – im Gegensatz zu seinen Vorgängern – in den Raum der Kirche zurückholte. Als dann Franziskus mit seinen Gefährten nach Rom kam, gewährte er ihnen, sogar im Widerspruch zum geltenden Kirchenrecht, die kirchliche Approbation. Es bleibt schlichtweg unverständlich und letztlich auch unverantwortlich, wenn die heutigen Päpste den drei Zweigen des Franziskanerordens (Franziskaner, Kapuziner und Minoriten) den ursprünglichen Status als „Bruderschaft" verweigern, in der Priester und Laien gleichberechtigt und in gegenseitig-brüderlicher Verwiesenheit leben wollen. Es zeigt sich hier eine allgemeine Tendenz der heutigen Kirchenleitung: die Mißachtung des Subsidiaritätsprinzips. Was ein Orden sein will, fällt nicht in die Kompetenz der Kirchenleitung! Nach Franziskus ist ihre Kompetenz die „Kurskorrektur im Sinne des Ursprungs" (Test 33), nicht aber die Verfälschung desselben! Ich bin darüber hinaus der Meinung, daß die Institution Kirche selbst sich so weit vom Evangelium entfernt hat und von einem nachträglich eingeführten gesellschaftlichen Prinzip (Hierarchie) bestimmt ist, daß sie nicht in der Lage ist, das genuin evangelische Anliegen zu erkennen. Darum wäre es falschverstandener Gehorsam, wenn die franziskanischen Orden in diesem Bereich den Kampf mit Rom aufgäben!

Innerhalb des ersten Ordens muß noch entschiedener als bisher der *bruderschaftliche Charakter* des Ordens institutionell gesichert werden. Das setzt natürlich voraus, daß man sich weltweit und in allen Fraternitäten spirituell mit diesem Gedanken beschäftigt und ihn in einem alltäglichen kontinuierlichen Bemühen einübt. Wenn sich dieser Gedanke mit der konsequenten Armut verbindet, wird der erste Orden dem ursprünglichen Projekt des heiligen Franz wieder näherkommen. Und das wäre die eigentliche Freude, nicht nur für den Gründer, sondern für den gesamten Orden.

5. Der Gang durch die Institutionen

Nun müssen wir uns aber noch einem Thema zuwenden, das in den bisherigen Ausführungen immer schon mitgedacht, zum Teil sogar schon direkt angesprochen wurde.

5.1 Es kann eigentlich nicht im Interesse einer franziskanischen Missionsauffassung liegen, daß sich nur der Mensch verändert, die Welt dagegen bzw. ihre Struktur und Organisation (= „Gesellschaft") dieselbe bleibt. Zwar hat Franziskus, wie wir gesehen haben, den Gang durch die Institutionen ausgeschlossen. Er nahm kirchliche, universitäre und politische Beamte in seine Gemeinschaft auf und erwartete von ihnen, daß sie sich den organisierenden Gedanken einer alternativen Gesellschaft unterziehen. Diese Erwartung ist insgesamt, wie wir bisher gesehen haben, nicht erfüllt worden und muß heute als eine dringliche Aufgabe verstanden werden.

Der Gang durch die Institutionen also, d.h. die Übernahme von Ämtern in Kirche, Universität und Staat, schloß Franziskus ausdrücklich aus. Doch schon bald wurden Priester aus dem Franziskanerorden ins kirchliche System integriert und mit kirchlichen Aufgaben betraut, ja, es wurden immer mehr Brüder Bischöfe, Kardinäle und Päpste. Ähnlich verhält es sich mit der Universität: Der Eintritt in den Franziskanerorden hatte zunächst nicht zur Folge, daß die Professoren ihre bisherige Tätigkeit aufgaben, obwohl sie dann mit der Zeit einen eigenen Lehrbetrieb anfingen. Erst in neuerer Zeit lesen immer mehr Brüder an den staatlichen Universitäten. Funktionen des Staates blieben jedoch bis in unsere Zeit ausgeschlossen, außer im Falle des späteren Dritten Ordens, der sich als Weg erwies, auf dem franziskanische Leitideen in die Gestaltung des Staates Eingang fanden.

Die Frage bleibt, ob diese Ansätze, die Institutionen der Gesellschaft zu erobern, der ursprünglichen Intention des heiligen Franz wirklich widersprechen bzw. unter welchen Bedingungen eine solche Eroberung eventuell gut franziskanisch sein könnte. Zunächst möchte ich darauf aufmerksam machen, daß eine Veränderung der politischen Struktur wohl nicht im Bereich der Möglichkeiten des 13. Jahrhunderts lag. Zwar gibt es einen sehr politischen Brief des heiligen Franz an die Lenker der Völker. Darin stellt er das politische Handeln vor die Unausweichlichkeit des Todes. Dies bedeutet, daß Karriere, Macht und Besitz ihren Wert verlieren, die Politiker in die Verantwortung genommen sind und somit in einem franziskanischen Sinn damit umgehen müssen. Das wird verstärkt durch den Hinweis auf die Eucharistie, das Symbol der bleibenden Gegenwart des demütigen Gottes. Darin scheint eine ganz andere Wertvorstellung auf, die Franziskus in anderen Briefen sehr grundsätzlich, also auch bezogen auf die gesellschaftlichen Verhältnisse formulierte: „Wisset, daß vor dem Angesichte Gottes manche Dinge überaus hoch und erhaben sind, die bisweilen unter den Menschen für niedrig und wertlos angesehen werden. Und andere Dinge sind unter den Menschen wertvoll und ansehnlich, die vor Gott als ganz niedrig und als wertlos gelten" (BrKust 2). Es geht also um die Gestaltung des öffentlichen Lebens aus dem Gedanken der Eucharistie bzw. der Menschwerdung Gottes. Deswegen verlangt Franziskus, daß die Verehrung der Eucharistie eine öffentliche Angelegenheit wird (BrLenk 7). Anderswo bittet er den Kaiser um ein „Weihnachtsgesetz": Alle Armen und alle Tiere der Welt sollen durch öffentliche Maßnahmen Nahrung bekommen, und um ein „Lerchengesetz": niemand darf Lerchen jagen oder fangen (CompPer 14). Von den Richtern fordert Franziskus eine Gnadenjustiz (BrGl II, 28). Mit anderen Worten: Franziskus will die Veränderung der gesellschaftlichen Strukturen und Institutionen. Das Mittel, mit dem er diese Veränderung anstrebt, ist aber die *prophetische Rede bzw. der Appell.*

Die Veränderung durch das, was wir heute „Gang durch die Institutionen" nennen, war damals kaum möglich. Ich muß daran erinnern, daß wir uns noch weitgehend in einem Gesellschaftssystem befinden, das sich als „von Gottes Gnaden gesetzt" wußte. Der Ordnungsgedanke war so stark im Bewußtsein des mittelalterlichen Menschen verankert, daß eine Eroberung der Institutionen geradezu unmöglich war. So konnte zum Beispiel der Kanoniker und Priester Robert d'Arbrissel unmöglich Poenitent sein (vgl. J. Dalarun, 60), und für Hildegard von Bingen war ein gemeinsames Kloster für Adelige und Nichtadelige noch unvorstellbar (vgl. ihren berühmten Brief 117). Auch wenn Franziskus dieser Ordnungsvorstellung nicht mehr folgen konnte und in den mittelalterlichen Städten schon der Gedanke einer veränderbaren Ordnung sichtbar wurde (Wählbarkeit der Funktionen, Gleichstellung von Adeligen und Bürgern), so konnte noch nicht daran gedacht werden, eine Ordnung als solche wesentlich zu verändern.

5.2 *Das Problem stellt sich heute anders.* Die meisten Systeme sind durch Konsensbildung und Wahl veränderbar, auch wenn das notwendigerweise ein langwieriger Prozeß ist. Kompliziert wird die Veränderbarkeit allerdings durch die weltweite Verflechtung der staatlichen Systeme, durch die übergreifenden wirtschaftlichen Interessen (Multinationale Unternehmen) und durch die Sonderinteressen (z. B. Armee, Atomindustrie), welche beide auf ihre Weise sich dem staatlichen Zugriff entziehen. Dieser Kompliziertheit der Struktur entspricht auch die überpersönlich schuldhafte Verstrickung in ein Unrechtssystem, das fortwährend Arme produziert.

Trotzdem muß sich die Frage stellen: Muß eine franziskanische Bewegung nicht jene Mittel wählen, die heute zur Verfügung stehen, um gerechtere Institutionen zu schaffen? Ich schließe mich angesichts der katastrophalen Aussichten, welche wir heute vor uns haben, der Meinung von „Nova Spes“ an: „Die Ideen, die Nova Spes braucht, handeln in der Gesellschaft, in den Beziehungen zwischen den Menschen und gehen als solche *durch die Institutionen.* Das Ziel ist ohne Zweifel die Wiederherstellung des menschlichen Geistes; und dies kann nur von innen kommen. Aber um es zu erreichen, muß erst einmal auf die Institutionen im weiteren Sinne Einfluß genommen werden, auf die Eigenart der zwischenmenschlichen Beziehungen, durch die sich die einzelnen erkennen ... Außerhalb der Institutionen gibt es keinen ganzheitlichen Menschen“ (V. Mathieu, 200f). Es geht dabei vorwiegend um eine Beeinflussung durch überzeugende Gedanken, die durch Zustimmung an Kraft gewinnen. „Die Überzeugung muß gleichzeitig zwei Richtungen einschlagen: a) die Öffentlichkeit dazu bringen, einen erneuerten institutionellen Rahmen zu akzeptieren, der für die Erneuerung des Wesens ‚Mensch' erdacht wurde; mehr noch, ihn willkommen zu heißen, ihn zu verlangen und Druck auf diejenigen auszuüben, die die Schlüssel dazu in Händen halten; b) die letzteren überzeugen, daß die vorgeschlagenen (revidierbaren) Lösungen dazu geeignet sind, die gewünschte Verbesserung herbeizuführen und die Harmonie zwischen Regierenden und Regierten sowie der Regierenden untereinander herzustellen" (ebd., 202). Die franziskanische Bewegung hat, wie mir scheint, einen überzeugenden Gedanken. Sie kann sich darum einer Institution wie „Nova Spes" anschließen oder doch wenigstens in ihrem Sinne handeln.

5.3 Die alternative Gesellschaft, die die franziskanische Bewegung darstellen und anstreben möchte, muß also *offensiv in die heutigen Möglichkeiten hinein greifen:* Gestaltung der öffentlichen Meinung, aktive und passive Beteiligung an Wahlen, unter Bedingungen auch Übernahme von Ämtern.

Notwendig scheinen mir folgende Überlegungen:

a) Die Übernahme eines Amtes kann eigentlich nur dann als Möglichkeit aufscheinen, wenn das Amt sein bisheriges Antlitz verliert. Das Amt muß in seiner Eigengesetzlichkeit durchschaut und vom franziskanischen Grundgedanken her neu definiert werden. Es darf nicht so sein, wie es leider bis in unsere Tage hinein der Fall ist, daß Franziskaner Bischöfe werden und sich durch nichts von anderen Bischöfen unterscheiden. Das Amt muß vielmehr „franziskanisiert" werden: Geschwisterlichkeit und Solidarität mit den Armen wollen prägende Gedanken und orientierende Handlungsprinzipien sein. Das gilt auch für die Bereiche Universität und Staat. Wissenschaft muß sich binden an das Leben, muß Geschwisterlichkeit und Solidarität mit den Armen zu ihren Voraussetzungen erheben, muß sich der Prophetie annähern ... Die staatlichen Ämter kommen nur dann in Frage, wenn auch sie Geschwisterlichkeit und Solidarität zum Ausdruck bringen.

b) Es gibt in der Gesellschaft Bewegungen und Ämter, die dem ursprünglichen Anliegen des heiligen Franz näherstehen als die herrschenden Systeme: *Basisgruppen, Bürgerinitiativen, Gewerkschaften.* Hier könnten Geschwisterlichkeit und Solidarität mit den Armen wirksamer vertreten werden, wenn sie nicht einfach gefordert, sondern gleichzeitig auch gelebt und als Methode verstanden werden.

c) Die franziskanische Bewegung muß sich gerade in diesem Zusammenhang bewußt machen, daß sie der *laikalen Ausformung* des franziskanischen Geistes, dem sog. Dritten Orden, wieder mehr Raum und Bedeutung zumessen muß. Damit käme auch mehr *laikale Kompetenz* zum Tragen. Unter dieser Voraussetzung könnten nebeneinander zwei verschiedene Wege auf das gleiche Ziel hin eingeschlagen werden: einmal die Prophetie (die Alternative als gelebte und werbende Wirklichkeit) und zweitens der Gang durch die Institutionen als mühsamer Prozeß der Verwandlung der Gesellschaft. Freilich dürften diese Wege nicht einfach der einen oder anderen franziskanischen Institution zugeordnet werden, so sehr verschiedene Akzente gesetzt werden können.

d) Die franziskanische Bewegung sollte heute entschieden die Möglichkeiten nutzen, die sie dadurch besitzt, daß sie als *nichtstaatliche Organisation der UNO* beigetreten ist. Ein solches Amt ist nicht wie andere Ämter einfach schon definiert. Es könnte als internationale prophetische Stimme und als Sprachrohr der Armen, also aus ureigenster franziskanischer Intention heraus, neu geprägt werden.

Bei allem jedoch ist wieder zurückzuverweisen auf das Diktat über die wahre Freude. Das Entscheidende für Franziskus ist nicht das gesellschaftliche Ansehen, daß eine franziskanische Bewegung eventuell erreichen und im Interesse der Armen zur Geltung bringen könnte. Entscheidender und tiefster Anlaß zur Freude ist die beharrliche und unbeirrbare Treue zum Geheimnis der „Demut Gottes", das sich zeigt im geschwisterlichen Umgang miteinander und in der radikalen Solidarität mit den Armen.

XII

Der Sonnengesang

Höchster allmächtiger guter Herr
Dir sei das Lied die Herrlichkeit die Ehre
und aller Segen
Dir allein Höchster kommen sie zu
Kein Mensch ist würdig dich zu nennen

Lob sei dir mein Herr mit deiner ganzen Schöpfung
vor allem mit dem Herrn Bruder Sonne
Er bringt uns den Tag
und spendet uns Licht
Schön ist er und strahlend mit großem Glanz
Von dir Höchster ein Zeichen

Lob sei dir mein Herr durch Schwester Mond
und die Sterne
Am Himmel formtest du sie
glänzend kostbar und schön

Lob sei dir mein Herr durch Bruder Wind
durch Luft und Wolken
durch heiteres und jedes Wetter
Durch sie gibst du deiner Schöpfung Leben

Lob sei dir mein Herr durch Schwester Wasser
Sehr nützlich ist sie demütig kostbar und rein

Lob sei dir mein Herr durch Bruder Feuer
Durch ihn ist die Nacht erhellt
Schön ist er fröhlich kraftvoll und stark

Lob sei dir mein Herr durch unsere Schwester
Mutter Erde
Sie belebt und lenkt uns
Sie erzeugt viel Früchte
farbige Blumen und Gräser

Lob sei dir mein Herr durch jene
die um deiner Liebe willen vergeben

und Schwachheit und Not ertragen
Selig die ausharren in Frieden
Du Höchster wirst sie krönen

Lob sei dir mein Herr durch unsere Schwester
den leiblichen Tod
Kein lebendiger Mensch kann ihr entrinnen
Weh denen die in tödlicher Schuld sterben
Selig die sie findet in deinem heiligsten Willen
Der zweite Tod tut ihnen nichts Böses

Lobt und segnet meinen Herrn
Dankt und dient ihm in großer Demut

Der Sonnengesang als missionarisches Lied von aktueller Bedeutung

Der Sonnengesang des hl. Franz ist zunächst ein *mystisches* Lied. Nach der schrecklich dunklen Nacht von Krankheit, Verzweiflung, Höllenangst und Depression wird ihm die Gewißheit geschenkt, das köstlich göttliche Leben nicht mehr zu verlieren. In der Freude dieser Gewißheit schreibt Franziskus dann das große Dank- und Loblied des Herrn.

Von allem Anfang an gibt Franziskus dem Ausdruck seines mystischen Erlebens einen *missionarischen Charakter:* „Ich will zum Lob Gottes, zu unserem Trost und zur Auferbauung des Menschen ein neues Lob des Herrn dichten über seine Geschöpfe. Wir gebrauchen diese ja täglich und können nicht ohne sie leben. Und doch verletzt die Menschheit gerade durch sie immerzu den Schöpfer. Täglich sind wir einer so großen Gnade nicht bewußt und undankbar, da wir doch unseren Schöpfer und Geber aller guten Dinge nicht so loben, wie wir müßten." Der Bericht fährt fort: „Sitzend begann er zu singen und bald darauf zu sagen: ‚Höchster, allmächtiger guter Herr ...'. Und dichtete ein Lied auf die Dinge und lehrte seine Jünger. Sein Geist war von so großer

Süßigkeit und von Trost erfüllt, daß er den Bruder Pazifik kommen ließ, der in der Welt ‚König der Verse' genannt wurde und einst an Höfen die Dichtkunst lehrte. Ihm wollte er einige gute und geisterfüllte Brüder zur Seite geben, damit sie predigend und Gott lobend durch die Welt ziehen. Denn er wollte, daß zuerst einer, der die Fähigkeit dazu hatte, dem Volk predige. Danach sollten sie das Lob des Herrn singen, worauf der Prediger sagen sollte: ‚Wir sind Spielleute des Herrn und darin wollen wir unseren Lohn sehen, daß ihr in der wahren Buße lebt.' Als Erklärung fügte Franziskus hinzu: ‚Was sind die Knechte Gottes [= Ordensleute: A.R.] anderes als Spielleute, welche die Aufgabe haben, die Herzen der Menschen in Bewegung zu setzen und in geistlicher Freude aufjauchzen zu lassen.' Vor allem im Hinblick auf die Minderbrüder, die dem Volk zum Heil gegeben sind, sagte er das" (CompPer 83).

Gottzugewandtheit (Mystik) und Zuwendung zur Welt (Politik) sind also im Medium des Sonnengesanges unauflösbar verbunden. Das mystische Erleben geht ein in den sprachlichen Ausdruck (Sonnengesang) und in die Dynamik des „Ziehens durch die Welt" (Mission). Diese innere Verknüpfung läßt es ratsam scheinen, die Aktualität der franziskanischen Botschaft am sprachlichen Medium des Sonnengesanges abzulesen, in dem sowohl die Totalität des mystischen Erlebens als auch die Totalität der missionarischen Dynamik greifbar wird. Nur so kann man der Reduktion entgehen, die in so vielen Aktualisierungsversuchen vorliegt (z. B. Ökologie, Frieden und Gewaltlosigkeit, Armut . . .).

Dieser Totalität entspricht übrigens eine ganz bestimmte Form. Der Sonnengesang gehört in den Bereich der geformten Sprache, d. h. der Dichtung, in der die wesentlichen Aussagen mehr in der Form als im Inhaltlichen vermittelt werden. Dem entspricht die Tatsache, daß sich der Sonnengesang nicht im bloßen Hören der Sätze, erst recht nicht im einmaligen Verklingen des Liedes, sondern in der meditativen Erfassung der Gestalt erschließt. Darum werden sich meine Überlegungen zur Aktualität der franziskanischen

Botschaft vor allem an Formelemente (vgl. G. Folena) halten, die erst einem meditativen Lesen aufgehen.

1. Die Gravur der Schöpfung

Oft wird der Sonnengesang als Ausdruck rein natürlicher Frömmigkeit mißdeutet. Die Begegnung mit Gott würde dann von der Natur vermittelt. Das religiöse Gefühl würde durch die Gewalt der Berge, die Weite des Meeres, die Schönheit der Blume und die Zierlichkeit des Grases geweckt. Eine romantische Deutung der Schöpfung ist jedoch bereits aufgrund der ersten Ermahnung unmöglich, in der Franziskus den Glauben konsequent an die Offenbarungsgestalt Gottes, an Jesus Christus in der historischen und sakramentalen Dimension, bindet. Bei einem meditativen Umgang mit dem Sonnengesang stellt sich nun heraus, daß Christus die innere Gravur der Schöpfung ist, eine Art „Charakter indelebilis“, eine unauslöschbare Prägung, welche der Welt ihre Eindeutigkeit gibt. Wenn man nämlich die erste und letzte Zeile miteinander in Beziehung setzt und die Linien auszieht, die zwischen den jeweils einander zugeordneten Begriffen bestehen, entsteht das sternförmige Christusmonogramm (vgl. H. Sachs, Stichworte: „Christusmonogramm“ und „Kreuz“). Und wenn man die vorherrschenden Laute dieser Zeilen in Betracht zieht, ergeben sich auch die oft dazugehörenden Anfangs- und Endbuchstaben des griechischen Alphabetes: in der ersten Zeile sind es vier O (fünf, wenn man die auch mögliche Variante „altissimo“ berücksichtigt), in der letzten Zeile fünf A.

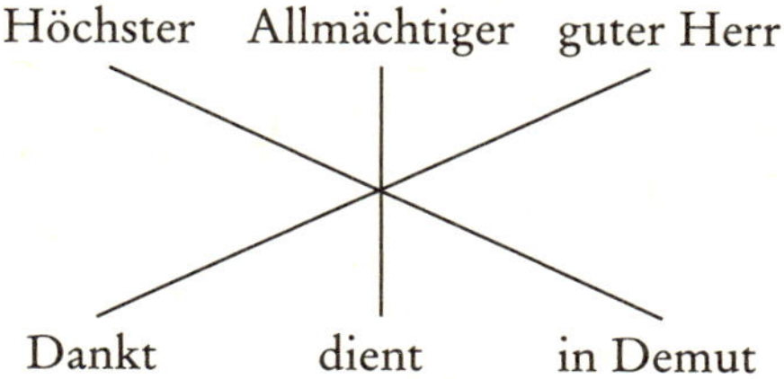

Bevor ich die durch das Christusmonogramm hervorgehobenen Bezüge und franziskanischen Grundlinien interpretiere, gilt es, ein wenig bei der Tatsache der Gravur zu verweilen. Die entschiedene Prägung der Geschichte, der Schöpfung, des Lebens durch Christus, wie sie bei Franziskus auf Schritt und Tritt, ja bis zur körperlichen Ausgestaltung (Stigmatisation) greifbar wird, scheint mir heute wieder neu aktuell zu sein. In einer Welt, in der christliches Leben weithin eingeebnet erscheint, geht es gerade nicht um ein bloßes Lippenbekenntnis, in dem der Name Christi ungefragt und jeden Augenblick genannt wird, sondern um eine subjektive Betroffenheit, um „Lust und Freude an den Worten und Taten unseres Herrn Jesus Christus" (Erm 20) und um eine Glaubensschau, in der die Welt objektiv das Siegel Christi trägt und in Kreuz und Auferstehung entschieden ist. Die Hoffnung, die aus der personalen Ergriffenheit und aus der objektiven Entschiedenheit der Geschichte erwächst, tut heute dringend not. So hat die Deutsche Synode das Auseinanderbrechen der Sinn- und Hoffnungsgemeinschaft der Kirche beklagt und gesagt: „Die Welt' braucht keine Verdoppelung ihrer Hoffnungslosigkeit durch Religion; sie braucht und sucht (wenn überhaupt) das Gegengewicht, die Sprengkraft gelebter Hoffnung. Und was wir ihr schulden, ist dies: das Defizit an anschaulich gelebter Hoffnung auszugleichen. In diesem Sinn ist schließlich die Frage nach unserer Gegenwartsverantwortung und Gegenwartsbedeutung die gleiche wie jene nach unserer christlichen Identität: Sind wir, was wir im Zeugnis unserer Hoffnung bekennen?" (Unsere Hoffnung, 101).

Die Aktualität des hl. Franz ist also nicht vordergründig schnell auf konkrete Bereiche und Werke zu beziehen, sondern auf dessen Grundhaltung, in der Christus das A und O seines Lebens und zur Hoffnung und zum Halt geworden ist. Es gilt, sich allen nivellierenden Tendenzen zu entziehen und das „Unterscheidend-Christliche" zu leben, d. h. in der Begegnung mit dem Menschen, der uns von Gott her als Weg, Wahrheit und Leben gegeben ist, unbesiegbare Kraft und Zuversicht zu empfangen – und das in einer Welt, in der aus logischen Gründen die Perspektive der Zukunft nahezu ausgefallen ist. So sehe ich als erste Aufgabe franziskanisch orientierter Menschen, in dieser hoffnungslosen Welt den Charakter der Hoffnung individuell und vor allem auch sozial zurückzugewinnen. Unsere franziskanischen Gemeinschaften und Gemeinden sollten sich in ihrem erfüllten Sinn- und Hoffnungszusammenhang erfahren dürfen.

Ich bin Franziskus dankbar, daß er diese Haltung der Hoffnung nicht eigentlich thematisiert, sondern im Formalen beläßt. Denn Hoffen ist ja nicht ein Argument, sondern eine Prägung, nicht eine Aus-Sage, sondern eine Vor-Gabe. Das wird eine weitestmögliche Zusammenarbeit mit anderen Weltanschauungen und in allen Sachgebieten möglich machen, ja sogar auf der Ebene der Sprache eine breite Basis der Übereinkunft. Diese Zusammenarbeit jedoch ist getragen und animiert von der Lebensform des Gekreuzigten, die ihre eigene Kraft besitzt und in die Zukunft Gottes mitzureißen vermag.

Wenn wir den mittelalterlichen Brauch des Abecedariums (P. Nober) als Hintergrund des Sonnengesanges ansehen, dann wird noch deutlicher, welche Aktualität der Sonnengesang heute hat. Bei der Kirchweihe zeichnete nämlich der Bischof mit seinem Stab das Alphabet in die Diagonale des Kultraumes, wodurch das Gebäude für Christus in Besitz genommen wurde. Wenn Franziskus diesen Ritus auf die ganze Schöpfung bezieht, wofür es allerdings keine schlüssigen Beweise gibt, dann ist das ein eindrückliches Bekenntnis auf Christus als den Herrn der Welt, ein Bekenntnis, das nicht so sehr verbaler Natur ist, sondern die existentielle Tiefenschicht beansprucht. Wie kleinlich ist dem gegenüber die heute wieder neu aufgeflammte Diskussion um „sakral“ und „profan“. Könnten wir in der Gefolgschaft des hl. Franz nicht weiterkommen, wenn wir die Sakralität mehr im Vollzug als im Objekt sehen und sie zudem auf die ganze Schöpfung und nicht nur auf einige Teilbereiche bezögen?

Der Christusprägung erwächst sicher auch die ekstatische

Dimension des christlichen Lebens: das Außer-sich-geraten-Können angesichts der Großtaten Gottes. Franz von Assisi wird oftmals in das Staunen und in die Verwunderung mitgerissen: O-und-A-sagen-Können (vgl. BrGl 2,54–56; BrOrd 27), die Überraschung vor der Tatsache, daß bereits im Alltäglichen vieles nicht einfach aus der Logik des Vorausgehenden lebt, sondern als neu und unvorhergesehen hereinbricht, geschweige denn, wenn es mit Christus, Gott und Evangelium zu tun hat, gehört konstitutiv zu Franziskus als Person. Natürlich ist nicht jeder Mensch gleich offen und gleich spontan. Trotzdem scheint mir die Unfähigkeit des Außersichgeratens in Freude und Trauer ein Kennzeichen unserer Zeit – mindestens in der industrialisierten Welt. Franziskus hat darum die Minderbrüder als Spielleute definiert, welche den Menschen den Rhythmus und die Begeisterung des lebendigen Gottes vermitteln sollen.

2. Transzendenz als Deszendenz

Die erste Achse des Christusmonogramms führt vom ersten („altissimu – Höchster") zum letzten Wort („humilitas – Demut"). Darin ist ein Grundzug der franziskanischen Lebensform zum Ausdruck gebracht.

Zu wiederholten Malen hält Franziskus an der absoluten Transzendenz Gottes fest. Als Gott ist Gott „ohne Anfang und Ende, unveränderbar, unsichtbar, unbeirrbar, unaussprechbar, unfaßbar, unerforschbar", „allein gut", „allein heilig, gerecht und wahr" (LobGott). Die Unzugänglichkeit Gottes, die nur durch die Herabneigung Gottes selbst aufgehoben werden kann, ist im konstitutiven Unterschied begründet, der zwischen Schöpfer und Geschöpf besteht. Hinzu kommt hier im Sonnengesang und auch in der Nichtbullierten Regel (NbReg 23,5) die Unbenennbarkeit Gottes: „Kein Mensch ist würdig, Dich zu nennen", die in der fundamentalen Sündhaftigkeit des menschlichen Daseins grundgelegt ist: „Wir alle sind elende Sünder."

Interessant ist nun, welchen Weg Franziskus im Sonnengesang einschlägt: Statt Gott zu nennen, nennt er die Geschöpfe. Er entzieht sich der Versuchung, Gott außerhalb von Raum und Zeit zu suchen und so etwas wie eine abstrakte Theologie von oben zu schreiben. Statt den hybriden Versuch, zu Gott aufzusteigen, wagt er den Abstieg zu den Geschöpfen. In allem wird eine Leidenschaft für Gottes Werke und für das in allen Geschöpfen anwesende innere Geheimnis greifbar, eine leidenschaftliche Liebe zur „humilitas" (vgl. Rotzetter – Hug, die in diesem Wort den zutreffenden Ausdruck franziskanischer Spiritualität sehen), zur Erde (= „Humus") und zur Wahrheit, daß der Mensch von der Erde genommen ist und ohnehin zu ihr zurückkehren muß. Transzendenzerfahrung wird so zur Deszendenzerfahrung, in der der Mensch seine ganze und letzte Wahrheit erkennt.

Nicht zufällig ist diese Linie aber ein Bestandteil des Christusmonogramms. Denn in Christus zeigt sich, daß Gott selbst ein Geheimnis der Deszendenz, der Herabneigung ist, daß er sich in Menschwerdung, Kreuz und Tod in die tiefste Tiefe der Erde hinabstürzt, um sie in seine Liebe heimzuholen. Franziskus kommt auf dieses dem philosophischen Zugriff entzogene Paradox des Glaubens immer wieder zu sprechen: „O wunderbare Hoheit und staunenswerte Herablassung! O erhabene Demut! O demütige Erhabenheit, daß der Herr des Alls, Gott und Gottes Sohn, sich so erniedrigt, daß er sich zu unserem Heil unter der anspruchslosen Gestalt des Brotes verbirgt! Seht, Brüder, die Demut Gottes und ‚schüttet vor ihm eure Herzen aus' (Ps 61,9)! Demütigt auch ihr euch, damit ihr von ihm erhöht werdet (vgl. 1 Petr 5,6; Jak 4,10)! Behaltet darum nichts von euch zurück, damit euch als Ganze aufnehme, der sich euch ganz hingibt" (BrOrd 27–29).

Es handelt sich also darum, Gottes Leidenschaft zur Erde nachzuvollziehen, Christus in der Demutsgestalt nachzufolgen und sich ganz in die Erde einzusenken, als Weizenkorn, das sterben muß, um wirklich zu leben. Um es noch einmal anders zu sagen: Die *descensio* Gottes im Geheimnis der

Menschen Jesu und im eucharistischen Brot verlangt die *condescensio* des Christen. Vgl. dazu den Ausdruck Bonaventuras: „per condescensionem inclinare ad proximum“ (A. Rotzetter, Realisator und Künder, 338).

Verschiedene Aspekte drängen sich in ihrer Aktualität geradezu auf. Einmal haben wir die Unmittelbarkeit zur Erde verloren und damit auch das Bewußtsein, mit der Erde verwandt zu sein. Überall ist etwas dazwischen gekommen: der Luxus in der Wohnung, eine technisierte Medizin im Krankenhaus, der Beton in der Natur, der Asphalt auf den Wanderwegen. Der laute Ruf, die Erde wieder unvermittelt vor Augen, in den Händen und unter den Füßen zu haben, ist um der Wahrheit des Menschen willen nicht einfach als Sehnsucht nach einer heilen Welt abzutun. Die Erfahrung jener Menschen, die einen unmittelbaren Umgang mit der Erde haben und sich mit ihr verbunden fühlen, läßt sich mit den Worten M. Légauts ausdrücken: „Ich denke da an eine gewisse Seins- und Verhaltensweise, an eine Vertraulichkeit mit den Dingen – dem Hund, der Herde, den Feldern, den Bäumen ... –, die uns täglich umgeben, die wir mit Bedacht und Sorgfalt verwenden, um sie nicht zu rasch abzunützen, sie dauern zu lassen, ihnen bei ihrem Wachstum behilflich zu sein; an eine gewisse Solidarität, ja eine Gemeinschaft mit allem, was im großen Schweigen und in der brüderlichen Anonymität der Natur geboren wird, wächst, lebt und stirbt – mit der Erde, die mich ernährt, in der ich verwurzelt bin, in der ich mich daheim fühle, in der ich geborgen bin, in der mein Leib einst begraben wird, die ich jedoch übersteige durch das, was ich bin. – Daher kommen die Kraft, die Einfachheit, die Mäßigung des Lebens ... Das ist auch der Ursprung der Bilder, die spontan im Geist erstehen und in der einfachen Sprache, im persönlichen Ton zum Ausdruck kommen“ (M. Légaut, 61f, vgl. auch Rotzetter – Hug, Aegidius). Gerade die Bewegung, die sich an Franziskus orientiert, der sich in Höhlen zurückzog, um zu meditieren, der sich dem Erdboden gleichmachte, so oft er sich in seiner Sündhaftigkeit erkannte, der sich im Sterben noch nackt auf den Boden legen ließ, sollte diese Unmittelbarkeit zur Erde und damit auch die Haltung, die daraus erwächst, zurückgewinnen. Die Treue zur Erde, zu unserer radikalen Herkunft und so zu unserer Wahrheit, bringt allemal jene Haltung hervor, die heute so selten, aber nichts desto trotz um so nötiger geworden ist: die *humilitas*, die ein konstitutives Element der „Minoritas" ist. Daß die Humilitas ein geistiger Reichtum ist, zeigt sich übrigens auch bei den niederen Volksschichten. Erfahrungen mit den „Freunden von der Straße" (Nichtseßhafte in Münster i. W.), mit der Arbeiterschaft, mit den „Bauern von Solentiname" (E. Cardenal), mit den inzwischen zahlreichen Basisgemeinden und Basisgruppen beweisen es jedem, der nicht durch die sogenannte Bildung völlig verbildet ist. Hier ist ein Potential an Menschlichkeit vorhanden, das noch lange nicht genügend fruchtbar gemacht ist. Gerade die Franziskaner müßten sich aufgrund der Konvergenz dieser Erfahrungen und der „Minoritas" besinnen, wo – gesellschaftlich gesehen – ihr Ort ist: an der Basis, zu der die Minderbrüder nach dem Willen des hl. Franz „wider ihren eigenen Willen" zurückgeführt werden sollen (2 Cel 148). Sie müßten wieder ein Volksorden sein, verwurzelt in der Basis, solidarisch in Arbeit und Leben, kreativ in der Herausbildung einer echten Basiskultur und einer echten Volksfrömmigkeit. Hier muß ein Mißverständnis abgewiesen werden, das bereits meine erste diesbezügliche Veröffentlichung (Zwischen Basis und Hierarchie; O. Schmucki in: CollFranc 47 [1977] 137) hervorgerufen hat: Zu dieser Basis kann man auch als Priester und als Bischof gehören, ja auch als Theologe, wie gerade die inzwischen gefestigte südamerikanische Erfahrung zeigt. Barfüßerbischöfe, Barfüßerpriester, Barfüßertheologen – in China spricht man von Barfüßerärzten, Barfüßerlehrern usw. und meint damit jene Ärzte und Lehrer, die vielleicht nicht die gleiche fachliche Kompetenz haben, aber an der Basis leben und bis in das hinterste Dorf kommen: Barfüßermenschen braucht unsere Welt mehr denn je – und eine Kirche, die der Demutsgestalt Gottes entspricht. Man sage nicht, daß diese Einsicht nur für südamerikanische Verhältnisse zu fordern ist, sie gilt auch für die anderen Kontinente, am dringlichsten aber für die industrialisierten Länder, wo Bürokratismus und Institution zwischen Amt und Volk und eine elitäre Wissenschaft zwischen Theologie und Volk getreten sind. Von der Wiederentdeckung der „Humilitas" als menschlichen, kirchlichen und gesellschaftlichen Wert hängt es ab, ob wir wieder hoffen können.

3. Herrschaftsfreier Dienst

Die zweite Achse des Christusmonogramms verläuft senkrecht vom mittleren Wort der ersten Linie („omnipotente – allmächtiger") zum mittleren Wort der letzten Linie („serviateli – dient ihm"). Auch darin sehe ich eine zentrale Aussage der franziskanischen Spiritualität.

Man darf sich eine romanische Kirche vorstellen, von deren Apsis der Pantokrator auf die Gläubigen herunterschaut. Macht und Herrschaft über die Welt verbinden sich unauflöslich und ausschließlich mit dem Wesen Gottes, zusammen mit der „innocentia" (NbReg 23,9), also mit dem für Welt und Menschen schadlosen Gebrauch von Macht und Herrschaft.

Man fühlt sich sofort an den Vorfall von Spoleto erinnert. Franziskus will sich in den Dienst von Walter von Brienne stellen. Da hört er aus den Tiefen der Nacht und aus der Verborgenheit Gottes heraus die Stimme: „Wer kann dir Besseres geben, der Herr oder der Knecht? ... Warum also verläßt du um des Knechtes willen den Herrn und um des Vasallen willen den König?" (3 Gef 6). In dieser mitternächtlichen Vision werden alle Machthaber dieser Welt und alle innerweltlichen Instanzen als Knechte entlarvt. Nur einer ist Herr und darum würdig, den Dienst des Menschen in Anspruch zu nehmen. Von da an will Franziskus sein Leben als Gottesdienst verstehen. Darum definiert er die Kirche in all ihrer Vielfalt als Ort des Dienstes, als „hierodouleia" (heiliger Dienst) und nicht als „Hierarchie" (heilige Herrschaft)

(NbReg 23,7). In der Haltung der „humilitas“ wollen Franziskus und seine Brüder „allen untertan sein“, einander und den andern Menschen dienen, hellhörig, disponibel auf den jeweils anderen Menschen verwiesen sein.

„Potestas“ wird grundsätzlich abgelehnt, keiner soll über dem anderen stehen, jeder aber unter dem anderen. Darum wird die gesellschaftlich und kirchlich vorgegebene Hierarchie im Innenraum der franziskanischen Brüderlichkeit auf den Kopf gestellt: Wer dort Herr ist, ist hier Diener, wer dort Diener ist, ist hier Herr. Man kann das in der deutschen Übersetzung schlecht wiedergeben und muß einen Verlust an Aussagekraft in Kauf nehmen. Selbst die Priester sollen „keine andere potestas haben als zu sagen, gehe und sündige nicht mehr“ (BrMin 20).

Auch hier muß man auf die christologische Dimension des Dienens aufmerksam machen. Wiederholt verweist Franziskus auf die Fußwaschung, von der her alles Tun am Menschen zu verstehen ist. Christus hat sich im Wort „dienen“ völlig ausgedrückt gesehen: „Ich bin nicht gekommen, um mich bedienen zu lassen, sondern zu dienen.“ Ebenso muß man auf das Paradox unseres Glaubens hinweisen, daß der allmächtige große Gott in Knechtsgestalt zum Menschen kommt. Franziskus nennt sich selbst und seine Jünger ganz konsequent „Knechte Gottes“ (NbReg 23,7; Erm fortlaufend), sieht sich, wie auch die Kirche als ganze, in der Nachfolge des Gottesknechtes.

Nun hat sich die Kirche im Laufe der Geschichte von diesem Selbstverständnis faktisch gelöst, nicht zwar verbal: denn jeder Amtsträger bis zum Papst nennt sich „Diener“, sogar „servus servorum Dei“. Faktisch aber orientiert man sich an Herrschaftsgestalten und nennt sich Hierarchie, heilige Herrschaft. Entsprechend tritt man in Prunkgewändern auf, greift kräftig und konkret in Lebensprozesse ein, ohne dabei die Subsidiarität zu beachten, die man ja als Prinzip verkündet hat.

Die Kirche braucht um ihrer selbst willen ein Korrektiv: das Leben in der Knechtsgestalt, Menschen, die, weil sie bereits die Demutsgestalt angenommen haben und an der Basis mit dem Volk solidarisch sind, nun auch konkret „Knechte Gottes" und darum „allen untertan" sind. Mit anderen Worten: Die Stimme des Volkes ist als Stimme Gottes zu vernehmen („Vox populi – vox Dei"), das Volksganze als das Bestimmende anzuerkennen, den Menschen in ihrer Heilsnot zu helfen. Es ist eine Freude zu sehen, wie gerade Bischöfe, Priester, Theologen aus dem Franziskanerorden mit zu denen gehören, die diese andere Kirche entdecken und leben. (Um so betrüblicher ist es, wenn aus dem gleichen Orden auch die größten Gegner dieser neuen Kirche kommen.) Der Theologe ist dann nicht der Vor-Denker, sondern derjenige, der die im Volk gemachten Erfahrungen nachdenkt, auf das Evangelium hin reflektiert, der zuallererst ein Hörer und erst in einem zweiten Anlauf auch ein Sprecher ist. Der Priester ist dann nicht ein Vor-Steher, sondern derjenige, der in allem was er tut, dem einfachen Mann und der einfachen Frau Raum gibt, eine Art „Mäeut", der durch die Qualität seines Hörens und durch alles, was er sagt, die Menschen zu Wort kommen läßt. Theologe und Priester sind dann nicht in erster Linie Vor-Gesetzte, sondern Unter-Gebene, die durch ihr Da- und Sosein das entmündigte Volk zu sich selber kommen lassen, so daß es entdeckt, etwas zu sagen zu haben. Bischöfe sind dann nicht Hierarchen, in Büros und weit weg von der Basis lebende und von außen kommende Amtsträger, sondern Hierodoulen, Diener, die dem heiligen Volk dienen und dessen Anliegen zu den eigenen machen. So mancher Bischof in Südamerika spricht inzwischen von der Bekehrung, die im Umgang mit dem Volke in sein Leben eingebrochen ist. Diese andere Kirche muß theologisch, vor allem aber durch viele Zeugen in allen Bereichen und in allen Tätigkeitsgebieten gestärkt werden. Ich denke, daß vor allem jene dazu berufen sind, die sich im Gegenüber zum All-Mächtigen als „All-Dienende" verstehen wollen.

Ein anderer Aspekt dieser Knechtsgestalt wird im brüderlichen und schwesterlichen Zusammenleben greifbar. Es ist ja interessant, daß Franziskus die „minoritas", das „Dienen", den „Gehorsam", die „Machtfreiheit" sowohl als Innen- wie als Außenpolitik postulierte. Außenpolitik meint hier das Verhalten der Franziskaner gegenüber Gläubigen und Ungläubigen außerhalb des Ordens, Innenpolitik dagegen das Verhalten im Binnenraum des Ordens. Wir brauchen heute dringender denn je Experimentierfelder für herrschaftsfreies Verhalten, Gemeinschaften, in denen Privileg, Monopol, autoritäres Gehabe, versteckte und offene Machtansprüche ausgeschlossen sind, herrschaftsfreie Kommunikationsräume, in denen jeder sein eigener „Chairman" ist, also die volle Verantwortung für sich selbst und für die ganze Gemeinschaft übernimmt und als solcher ernstgenommen ist. In einer Zeit, in der Bindungen fraglich und dem Scheitern anheimgegeben sind, wo so viel Angst die Sprache verschlägt, wo so viel Aggression mundtot macht, wo so viele Menschen keinen Ort und keinen Halt haben, gilt es, zu einer Gemeinschaftsform zu finden, die bei Franziskus in ihren Grundzügen greifbar wird (vgl. A. Rotzetter, Ein Anfang, Nr. 45–54).

4. Dankbarkeit

Die dritte Achse verläuft von den letzten beiden Worten der ersten Linie („bon signore – guter Herr") zum ersten Wort der letzten Zeile („et rengratiate – danket"). Darin wird ein neuer Grundzug franziskanischer Spiritualität zum Ausdruck gebracht.

Franziskus verbindet mit Gott eine auch sinnlich wahrnehmbare Erfahrung der Gutheit. „Gott allein ist gut" – diesen Satz kann Franziskus, im Unterschied zu anderen Prädikaten Gottes, nur hymnisch abwandeln, d.h. in der Form der Wiederholung und der Häufung (ErklVat 2; Off: Gebet; PreisHor: Gebet). Ob er sein Gebet eröffnet oder beschließt, ob er ein falsches Selbstverständnis abwehren will – immer verweist Franziskus auf den allein guten Gott. Wiederholt wird bezeugt, wie Franziskus dabei die Erfahrung der „dulcedo" macht, was nur ungenau mit „Süßigkeit" übersetzt wird. In diesem Ausdruck verbinden sich in den romanischen Sprachen verschiedene Sinneserfahrungen: „Lieblichkeit“, „Anmut“, „Sanftmut“ und „Süßigkeit“ (A. Holl, 62). Für diese Erfahrung gibt es ein poetisches Wort, das dem hl. Franz zugeschrieben wird und das dessen sinnliche Erfahrung der Güte Gottes auch lautmalerisch zum Ausdruck bringt: „Eius qui nos multum amavit, multum est amor amandus“ – „Die Liebe dessen, der uns so sehr geliebt hat, müssen wir ganz innig lieben“ (2 Cel 196; vgl. A. Rotzetter, Aus Liebe zur Liebe). Überhaupt zeigt sich in den Schriften des hl. Franz durchgehend ein Pathos der Gnade: „Die Gnade allein“ (NbReg 23,8) ist es, wie jeder Satz des Testaments beweist, die Franziskus in sein konkretes Leben freisetzt.

Hier muß auch von der Armut des hl. Franz gesprochen werden. Sie hat in der Erfahrung der Kreatürlichkeit ihr Wesen: Der Mensch ist nur in der Weise des Empfangens; alles, was er ist und hat, ist und hat er von Gott. Bevor Armut Verzicht ist, ist sie lange Zeit Armut im Sein.

Franziskus folgert daraus, daß es nur eine Möglichkeit gibt, dieser Seinsarmut entsprechend zu leben, nämlich sie anzuerkennen und in einem doppelten Sinne zu realisieren. Einmal im „rengratiare“, im „Zurückgeben der Gnade“, im Verdanken der eigenen Existenz. Entsprechend häufig kommt entweder die Aufforderung zum Dank oder der Vollzug des Dankes in den Schriften des Heiligen vor. Ganze Abschnitte und Kapitel nehmen den Charakter des eucharistischen Dankgebetes an (NbReg 23); am Anfang und am Ende des Offiziums steht das hymnische Zurückgeben aller guten Gaben; die Predigt steht in Form und Atmosphäre in einem deutlichen Gegensatz zur Predigt der Waldenser (vgl. R. Zerfaß).

Der Bezug zur Eucharistie muß hier hergestellt werden. In der Nichtbullierten Regel (NbReg 23) sagt Franziskus ausdrücklich, daß aus der Sündigkeit des Menschen heraus niemand in der Lage ist, den Gott gebührenden Dank abzustatten. So bittet er Christus, jenen Dank abzustatten, der Gott zur Genüge ist.

Die Aktualität dieser Gedankenschritte dürfte ohne große Mühe einsichtig sein. Zunächst stehen wir vor der Frage unseres Selbstverständnisses. Die Notwendigkeit, uns nicht durch unser Haben und durch unsere Leistung zu definieren, hat sich unterdessen rein humanwissenschaftlich herausgestellt (E. Fromm). Hinzu kommt das zunehmende Gefühl der Ohnmacht und der Kreatürlichkeit angesichts der erschreckenden Möglichkeiten, die der Mensch durch sein falsches Selbstverständnis hervorgebracht hat. Die Orientierung an Franziskus könnte dazu beitragen, diese Gefühle nicht nur negativ zu erleben und zu deuten. Von neuem könnten wir lernen, unser Leben dankbar zu empfangen, die Welt in allen Bezügen nicht mehr als selbstverständlich zu nehmen, uns also in unserer Seinsarmut zu erkennen. Franziskanische Missionspredigt könnte diese Grundbefindlichkeit des heutigen Menschen ausdeuten und in den verschiedenen Ausdrucksmöglichkeiten (Lied, Predigt, Leben ...) vermitteln.

Freilich soll nicht auf billige Weise von den realen Bedrohungen der Welt abgelenkt werden. Aber ich bin überzeugt, daß wir uns von der starren Fixierung lösen müssen, um ihnen wirklich begegnen zu können. Die Annahme unserer Kreatürlichkeit wird uns freimachen.

Eine weitere Aktualität liegt in der eucharistischen Feier selbst, deren zentrale Bedeutung ja schon theologisch herausgestellt werden kann. Nun kommt aber die genannte Grundbefindlichkeit des modernen Menschen dazu, die kreatürliche Grundangst, die eigentlich nur in der positiven Annahme und in der Bezogenheit auf Gott ihren nihilistischen und terroristischen Zug verliert. Darum muß der moderne Mensch die eucharistische Grunderfahrung vollziehen und feiern können. Keine päpstlichen und bischöflichen Überlegungen über Priestertum, Zölibat, Laisierung, Stellung der Frau usw. sind dem gegenüber von gleichem Rang, und nichts ist dringlicher und not-wendender als die individuelle und kommunikative eucharistische Grunderfahrung selbst. Diese Aussage behält ihre Gültigkeit selbst dann, wenn man die politischen Momente des christlichen Lebens unterstreicht. Unverzwecktes Dasein vor Gott, die Haltung des Empfangens, das Singen, Feiern, Danken setzen die Kräfte frei, die das Antlitz der Erde verändern. Hier wird sich erweisen, ob Christentum sich in innerweltliche Bewegungen hinein nivelliert oder authentisch bleibt. Erst so ist wahrscheinlich auch die sinnlich wahrnehmbare Erfahrung des guten Gottes wieder möglich. Denn zu sehr haben wir uns von der „communio" gelöst, zu sehr vom Bewußtsein, von Gott Beschenkte zu sein, als daß unsere Lieder, Texte, Feiern wirkliche Dankbarkeit zum Ausdruck bringen könnten, die dann ihrerseits wieder neu die Erfahrung des guten Gottes vermitteln. So wäre dann die Eucharistiefeier als dringliche Aufgabe zu begreifen, nicht im Sinne eines vom übrigen Leben losgelösten Rituals, sondern als Erfahrungsort des vielfältigen Zusammenhangs von horizontaler (zwischenmenschlicher) und vertikaler (Gott – Mensch), liturgischer (Messe) und außerliturgischer (Verfolgung eines gemeinsamen Zieles) Kommunikation.

Die zweite Weise, die Geschöpflichkeit zu realisieren, ist im Sonnengesang nicht angesprochen. Sie sei darum auch nur am Rande erwähnt: Die Armut, welche die Güter auf die Grundbedürfnisse des Lebens einschränkt und alles andere mit anderen Menschen teilt. Darum müßten franziskanisch orientierte Menschen angesichts der Welt für eine Umkehrung der bisherigen Weltordnung plädieren. Nicht das Recht auf Privateigentum ist das primäre Recht, sondern das Recht aller Menschen, an den Gütern Gottes teilzuhaben und von ihnen zu leben. Die Schöpfung bleibt Gottes Eigentum, der Mensch realisiert seine Geschöpflichkeit im Teilen.

5. Das Symbol

Über die Signatur hinaus, die über den ganzen Sonnengesang bzw. über die ganze Schöpfung eingezeichnet ist, bietet sich als weiteres formales Element die durchgehende Symbolik an. Auch das scheint mir von aktueller Bedeutung zu sein.

Wenn man den Sonnengesang näher ansieht, stellt man eine doppelte Symbolik fest.

Einmal eine innerweltliche Symbolik, die sich aus dem antiken Weltbild ergibt. Die vier Elemente (Wind, Wasser, Feuer und Erde) konstituieren die Welt, sowohl den Makrokosmos als auch den Mikrokosmos. Die Temperamentenlehre, die bis in unsere Tage bekannt geblieben ist, beruht ja auf der Auffassung, daß der Mensch ein Spiegelbild des Kosmos ist und daß er, je nachdem welches Element vorherrschend ist, Sanguiniker (Luft), Phlegmatiker (Erde), Choleriker (Feuer) oder Melancholiker (Wasser) ist. Aufgrund dieser Entsprechung ist es dem Interpreten gestattet, in den äußeren Gegebenheiten Symbole für innerseelische Vorgänge oder Menschentypen zu sehen. Unter Zuhilfenahme der Jungschen Archetypenlehre ist z. B. E. Leclerc diesen Weg gegangen. Welche Ansätze da möglich sind, möge nur der Hinweis auf Klara verdeutlichen. In der Nachtstrophe wird „clarite" (= hellglänzend) auf die Sterne bezogen. Wird man da nicht an die Nacht denken dürfen, in der sich Franziskus zweimal in seinem Leben befand und in der er jedesmal in Schwester Klara einen orientierenden Stern gefunden hat? Oder darf man angesichts der Prädikate, die auf das Wasser bezogen sind, nicht an die schöne Legende erinnern, wonach Franziskus einmal in einen Brunnen blickte und darin das Antlitz Klaras entdeckte? Oder darf man nicht auch an das „Feuer in mir" . . . denken?

Eine zweite Ebene der Symbolik ist religiöser Art. Natürliche Dinge werden zu Symbolen für Gott und die Wirkungen der Gnade: die Sonne für Christus, der Mond und die Sterne für Maria/Kirche und die Heiligen, der Wind und das Feuer für den Heiligen Geist, das Wasser für die Taufe, die Erde für die Kirche . . . Eine Entfaltung dieser Gedanken würde für unsere Zielsetzung zu weit führen.

Wichtig ist hier die Tatsache der Symbolik selbst. Selbstverständlich ist uns diese nicht mehr so geläufig und noch weniger selbstverständlich. Zu sehr ist die abendländische Entwicklung den Weg des reinen Gebrauchs gegangen. Deutet Franziskus im eingangs zitierten Abschnitt nicht auf dieses Fehlverhalten hin: daß der Mensch nämlich die Geschöpfe auf den reinen Gebrauch reduziert und darin eben täglich sündigt? Eine verkürzte Weltsicht kommt da zum Ausdruck, die nur an die Dinge heransieht, aber nicht in sie hinein, schon gar nicht darüber hinaus. Neben dem Gebrauchswert haben die Dinge auch einen Selbstwert und einen Repräsentationswert. M. Frisch hat in seinem berühmten Roman „Homo faber" den rein technischen Menschen in seiner Symbolunfähigkeit entlarvt. Wer die Dinge nicht in ihrem Repräsentationscharakter bzw. in ihre Symbolhaftigkeit sieht, lebt in der Oberflächenschicht und hat auch kein tiefergehendes und prägendes Erleben.

Die Meditationsbewegungen haben viel von der verlorenen Tiefendimension zurückbringen können, wie wenigstens teilweise auch den Symbolcharakter der Dinge. An ihm können franziskanisch orientierte Menschen ebensowenig vorbeigehen wie an Jesus von Nazaret. Die Perspektivität der Schöpfung auf Gott hin bzw. die Sakramentalität gehört zum konstitutiven Grundbestand ihrer Frömmigkeit. Darum freut es mich, daß L. Boff mit seiner Sakramentenlehre (L. Boff, Kleine Sakramentenlehre) einen genuin neuen, aber durch und durch franziskanischen Ansatz gefunden hat und die dem Menschen notwendigen religiösen Erfahrungen wieder an die breitere Symbolik der Schöpfung bindet. „Verborgen ist er da, in menschlichen Gebärden bleibt er den Menschen nah" (Gotteslob 634,4). Ich denke, daß die Aktualität dieses Gedankens noch lange nicht genügend erkannt und leider noch viel weniger praktiziert ist. Wir müssen zurückkehren zu einer handgreiflichen Symbolik, die im Menschlichen und Natürlichen, im Fragment, das Göttliche und Ganze vermittelt. Meditation und Liturgie, Sakrament und Sakramentalien lassen im Kreatürlichen, Dinglichen, Menschlichen den letzten, unnennbaren Horizont des personalen Gottes erfahrbar werden.

Diese Einsicht ist nicht nur im Grundsatz anzuerkennen, sondern auch in der Praxis zu vollziehen. Denn gerade in den letzten Jahrzehnten drang die Absolutsetzung des wissenschaftlichen Weltbildes in die verschiedenen Bereiche des kirchlichen Lebens. Eine abstrakte Begrifflichkeit machte aus der Verkündigung ein nur Intellektuellen und Gebildeten zugängliches Kolleg; der Gottesdienst wurde vielerorts zum Ort der bloßen Sensibilisierung für bestimmte Probleme bzw. zur Information und Wissensvermittlung. Das Symbolische ist in Gestus und Sprache weitgehend verschwunden. Auch für die Katechese forderte man eine Sprache, die sich an der Wissenschaft orientiert (S. Leimgruber). Mit diesen Entwicklungen wird die Kirche allmählich ihre eigenständige Bedeutung verlieren. Was unsere Zeit braucht, ist nicht eine Verdoppelung der Wissenschaft, sondern die notwendige Ergänzung dazu. Die Wissenschaft muß sich um klare Abgrenzungen, um Definitionen und um Begriffe mühen, um das Machbare in der Welt. Das ist ihre Aufgabe und ihr ureigenes Gebiet. Sie muß aber ergänzt werden durch das Weltbild des Glaubens, das seine eigene Ausdrucksform braucht: das Symbol, das dasteht für das Ganze, das Bild, die Metapher, das Gleichnis, das Paradox ... Hier geht es nicht um Begreifen, sondern um Erahnen, nicht um Eingrenzen, sondern um Entgrenzen, nicht um Handhabung, sondern um Empfänglichkeit, nicht um Beobachtung, sondern um Perspektiven. Das aber ist die besondere Aufgabe der Kirche und ihr unersetzbarer Dienst. Wenn sie nicht dabei bleibt, wird sie nicht nur ihres Glaubens verlustig gehen und keine Horizonte mehr aufreißen können, sondern auch zur Verkümmerung des Menschlichen beitragen. Der Sonnengesang macht deutlich, worin die franziskanische Ausdrucksform liegt und welche aktuelle Bedeutung ihr zuzusprechen ist.

6. Universale Versöhnung

Die wohl eindrücklichste Aussage des Sonnengesanges ist die „alle Geschöpfe“ erfassende Brüderlichkeit. Alles, was ist, ist entweder Bruder oder Schwester, nicht Neutrum, sondern Subjekt und geschlechtlich bestimmt.

Die Aussagen werden durch konsequente Anwendung der Formelemente verstärkt und verdeutlicht. Die biblische Kategorie „Himmel und Erde“ und die griechische Kategorie der kosmischen Elementenlehre werden ineinander verschränkt, um die Totalität zu bezeichnen, in der sich eine alles umfassende Verschwisterung der Geschöpfe ereignet.

In dieser Betrachtung der Welt hat man schon vor einigen Jahren ein Korrektiv bzw. eine Alternative zum traditionellen Weltbild gesehen (L. White; W. A. Visser't, Hooft; A. Rotzetter, Zwischen Afrika und Europa), das den Schöpfungsbericht erschreckend wörtlich genommen und alles und jedes dem menschlichen Zugriff unterstellt hat. Alles wurde zum Objekt, zum Gebrauchsgegenstand des Menschen. Die Welt wurde genutzt, ausgebeutet, entleert – zum scheinbaren Wohl des Menschen, bis sich die Natur zu rächen begann und die ganze Welt vor einen katastrophalen Abgrund drängte. Demgegenüber gibt Franziskus jedem Ding ein menschliches Antlitz und nennt es Bruder und Schwester. Jedes Ding muß an der Personalität und Subjektivität des Menschen teilnehmen können, es darf nicht einfach nur als Objekt betrachtet werden, sondern fordert den Charakter des Subjektes, des Geheimnisses, der Unantastbarkeit. Die franziskanische Bewegung wird darum entschieden Platz nehmen in den ökologischen Optionen unserer Tage, ohne sich freilich mit allen ihren Aspekten zu identifizieren. Denn wenn man den Sonnengesang genau betrachtet, geht es ihm nicht um eine Erniedrigung des Menschen auf die Ebene der Natur, nicht um ein naturburschenhaftes „Zurück zur Natur“ oder um die Naturalisierung des Menschen, sondern um die Erhöhung der Natur auf die Ebene des Menschen, um die Vermenschlichung der Natur. Diese doppelte Alternative, die die franziskanische Bewegung in Opposition zum naturwissenschaftlich-technischen Begreifen der Wirklichkeit ebenso wie zur dionysisch-rousseau'schen Naturverbundenheit bringt, ist noch viel mehr als bisher herauszustellen und vor allem praktisch zu verwirklichen. Angesichts des Sonnengesanges ist es erstaunlich, daß die franziskanischen

Gemeinschaften ihre Chance noch nicht erkannt, geschweige denn ergriffen haben. Über Anfänge ist man in dieser wirklich dringenden Frage noch nicht hinausgekommen. Die Picknickplätze in Portugal, Spanien, Italien sind durch Papier, Fäkalien, Flaschen und Konserven so verschmutzt, daß man da nicht mehr picknicken kann. In Italien sterben die Singvögel aus, überall verbraucht man unsinnig Öl und Benzin. Überall blutet die Erde, und das Blut schreit zum Himmel, und wir sind gefragt, wo denn unsere Schwester Erde und wo der Bruder Baum ist.

Ein zweiter Aspekt knüpft sich an ein weiteres Formmittel. Dem aufmerksamen Leser des Sonnengesanges erschließt sich nämlich eine universale Versöhnung der Geschlechter. Franziskus baut sein Lied unter dem Gesichtspunkt der geschlechtlichen Polarität auf. Die Schöpfung ist geschlechtlich konstituiert, partnerschaftlich organisiert, paarweise einander verschwistert. Dabei muß man die mittelalterliche Rollenverteilung im Auge behalten, um die ganze Tragweite und auch die religiöse Dimension dieser Verschwisterung zu erfassen. In einer Zeit, in der der Beitrag der Frau im biologischen Vorgang der Zeugung noch nicht erkannt ist, ist der Mann das ausschließlich aktive Element und darum das gegebene Symbol für Gott, die Frau dagegen das aussschließlich passive bzw. rezeptive Element und darum das gegebene Symbol für den Menschen. Die Sonne ist die göttliche Kraft des Schöpfers bzw. der „sol invictus" (Jesus Christus), dem Mond und Sterne versöhnt und empfangend gegenüberstehen. Der Wind ist das göttliche Pneuma, das über den Wassern schwebt und aus dem Tohuwabohu die Schöpfung Gottes formt. Das Feuer ist die Liebe Gottes, die sich wie in der Kunst der gebrannten Erde mit der Geschichte verbindet und ihr Bestand und Richtung gibt. Diese vertikale Dimension der Versöhnung darf nicht vergessen werden, gerade wenn man sich als franziskanische Bewegung dem Frieden verpflichtet weiß. Friede und Versöhnung sind nicht technisch herstellbar, sondern letztlich Gnade und Geschenk Gottes, und werden erst Wirklichkeit, wenn das unlösbare Ineinander von zwischenmenschlicher und gottmenschlicher Versöhnung erkannt und erfahren wird. Diesen Aspekt der Friedensarbeit gilt es mit aller Geduld zu vertreten und im eigenen Vorgehen unter Beweis zu stellen. Für den mittelalterlichen Menschen zeigt sich nun die gottmenschliche Versöhnung gerade auch in der Versöhnung der Geschlechter. Wie weit die genannte Rollenfixierung Gott/Mann bzw. Mensch/Frau die Versöhnung gerade verhindert und die Überlegenheit des Mannes und die Minderwertigkeit der Frau gefördert hat, bleibe dahingestellt. In der sexuellen Bezogenheit von Mann und Frau scheinen bis heute die schwerwiegendsten Konflikte zu liegen. Die Versöhnung der Geschlechter ist als Aufgabe noch kaum erkannt.

Unter den geschichtlichen Bedingungen seiner Zeit lebte Franziskus seine Sexualität, d. h. seine Bezogenheit auf die Frau in einer erstaunlichen Freiheit. Nicht nur verband ihn eine Freundschaft von geschichtsmächtiger Dimension mit Klara von Assisi und Jacoba de Settesoli, sondern er knüpfte zwischen sich und seinem Orden einerseits und den Schwestern von San Damiano andererseits innige Bande der Zuwendung und Sorge. Die Stellen in den Regeln, wo so etwas wie eine frauenfeindliche Haltung zum Ausdruck zu kommen scheint, sind bis in die Wortwahl hinein identisch mit anderen zeitgenössischen Regelbestimmungen, gehen so nicht auf Franziskus zurück und verfolgen einen ganz anderen Zweck. Der Sonnengesang überbietet alles, was an Versöhnung bezüglich der Geschlechter denkbar ist.

Mir scheint, als ob unserer Zeit ein konkreter Schritt in Richtung auf ein versöhntes Verhalten von Mann und Frau abverlangt ist. Wie unversöhnt das Verhältnis heute immer noch oder erst recht ist und wie sehr man sich gegenseitig auf den Gebrauchswert reduziert, zeigen einige Phänomene, die ohne große Systematik einfach angeführt werden sollen: Die verschiedenen Grade der Emanzipationsbewegung in Gesellschaft und Kirche und damit verbunden die kämpferischen Töne zeugen von einer überpersonalen Krise; die hohen Scheidungsziffern und die erschreckend zahlreich gewordenen „Frauenhäuser“, in die sich Frauen vor ihren Männern flüchten müssen, lassen die Ehe als Krisenherd erscheinen; in unseren Großstädten – und von daher auch bis in die kleinsten Orte hinein – stellt man eine stets zunehmende Anzahl von Männern und Frauen fest, die sich einem entpersönlichten und anonymen Sex hingeben; die Prostitution erweist sich schon in den wenigen mir zufällig bekanntgewordenen Veröffentlichungen (Michèle; D. Koster; G. Blumier) als vielschichtiges Phänomen, das man nicht mehr länger als Tabu betrachten darf. Theorie und Praxis müssen von Christus her ganz neue Wege gehen. Die Theorie muß unideologisch und ohne moralische Vorurteile die Fakten und die darin einbezogenen Menschen zur Kenntnis nehmen, darüber reflektieren und die einseitig negativen und ablehnenden Einstellungen aufgeben. Nur so wird man zu einem positiveren, vielleicht sogar versöhnten Verhältnis kommen. Unterdessen muß man kleine Schritte tun, menschliche und christliche Nähe gerade da zu vermitteln suchen, wo sie vielleicht doch gefragter ist, als man im allgemeinen annimmt. Diese Nähe wird allerdings nur vermitteln können, wer seine eigene Sexualität und den dazu gehörenden Gegenpol bejaht und ihr brüderlich/schwesterlich begegnen kann, und wer darüber hinaus in ehelicher oder nichtehelicher Freundschaft ein versöhnter Mensch ist.

Zu ähnlichen Erwägungen führt auch die Zusammenstellung von „Schwester Mutter Erde“. „Mutter Erde“ ist aufgrund der mythologischen Herkunft ein feststehender Ausdruck, in dem das bergende und schutzgebende Moment eine ebenso große Rolle spielt wie die Vereinnahmung und das Verschlingende. In einem von Franziskus nicht erahnten Ausmaß wiederholt sich in unzähligen Mutter-Kind-Beziehungen bis heute ein folgenschweres Mißverständnis: Das Kind wird als Besitz betrachtet, über das die Mutter verfügen kann und von dem sie nicht loslassen will. In allzu vielen Fällen führt das zu nicht zu behebenden seelischen Schäden.

Franziskus selbst hat mit seiner eigenen Mutter positive

Erfahrungen machen können, weswegen er wohl die Metapher ‚Mutter' in sämtliche zwischenmenschliche Beziehungen hineintransponiert und die eigene Gemeinschaft als Mutterschoß definiert haben wollte. Im Sonnengesang überbietet er die Mütterlichkeit, indem er ihr ein schwesterliches Beiwort gibt. Ein brüderlich/schwesterlich versöhntes Verhältnis zu Mutter/Vater (ähnliches wäre doch wohl vom Vater zu sagen, obwohl Franziskus hier befremdlich schweigt) wird zu einem missionarischen Thema. Als Seelsorger und Therapeuten, als therapeutische Gemeinschaften müßte man all denen zugewandt sein, die in diesem Bereich geschädigt sind und nach Versöhnung schreien.

Zur theologischen, ökologischen, sexuellen und familiären Versöhnung traten nun in jenen Strophen, die nach der biographischen Literatur situationsbedingte Zusätze sind, noch zwei Konkretisierungsmöglichkeiten des universalen Friedens. Der Zwist zwischen Bischof und Bürgermeister von Assisi führt Franziskus zur Friedensstrophe, das Bevorstehen des eigenen Todes zur Todesstrophe.

Die Friedensstrophe will den Frieden in die politischen Konfliktfelder tragen, nicht so sehr von der Aussage her, sondern noch einmal vor allem durch die Form. Franziskus wollte den Konflikten nicht entfliehen, sondern darin bleiben. Er forderte den Minister, der sich offenbar in einem unlösbaren Konflikt verwickelt sah, auf, das Übel zu leiden und es in Geduld auszuhalten. Ähnlich formuliert Franziskus nun im Sonnengesang: Vergebung, Geduld, Ausharren – das ist es, was Franziskus durch Beispiel und Wort in die Situationen hineintragen möchte, die nach Frieden schreien. Durch diese Strophe definiert sich die franziskanische Bewegung auch als Friedensbewegung.

Innerhalb der Bemühungen um Frieden muß sich auch die franziskanische Bewegung ansiedeln. Sie wird sich nicht scheuen dürfen, als naiv und utopisch verschrien zu werden. Angesichts der verkarrten Situation, in die uns die Politiker, die sich gerne selbst als vernünftig und realistisch bezeichnen, gebracht haben, hat eine gewaltfreie und franziskanische Friedenspolitik eine mindestens ebenso große Chance, wenn sie sich sachkompetent und informiert zeigt. In jedem Land und auf allen Kontinenten gibt es kleine und größere Konfliktherde, die nach Vermittlung und nach Aussöhnung rufen. Die große Zahl derer, die sich auf Franziskus berufen, entspricht leider nicht einer entsprechenden Wirksamkeit für den Frieden.

Die zweite Zusatzstrophe betrifft das eigene Sterben. Hier kann wohl nicht mehr viel gesagt werden. Den eigenen Tod muß ein jeder selbst sterben, wie er auch die vorausgehende bzw. das Sterben anzeigende Krankheit selbst ertragen muß. Von der Art und Weise, wie Franziskus seine Krankheit bewältigte, lassen sich für eine franziskanische Sinndeutung der Krankheit einige bleibend gültige Sinnperspektiven gewinnen (O. Schmucki, Laudato si). Ebenso kann man in der Verkündigung dahin wirken, daß der Tod als Voraussetzung des Lebens erlebt wird, daß in der Gesellschaft und besonders in den Krankenhäusern eine Atmosphäre herrscht, in der man einen menschenwürdigen Tod haben und wo man sich mit der Tatsache des Sterbens leichter versöhnen kann – in der Hoffnung, daß der „zweite Tod", der Tod der Liebe, nicht eintrifft, die Liebe aber ewiges Leben bedeutet. Das Unterscheiden des ersten und des zweiten Todes kann noch einmal zu einer besonders aktuellen Botschaft der Franziskaner werden. Hier geht es um authentisches Leben, das allein der Liebe erwächst und das so auch schon die Ewigkeit erlebt, das Leben, das keinen Tod kennt. Der Tod auf dieser zweiten Ebene ist nach dem ersten Johannesbrief für jeden ein Datum der Vergangenheit, der das Wagnis der Liebe eingeht: „Wir wissen, daß wir aus dem Tod in das Leben hinübergegangen sind, weil wir die Brüder lieben. Wer nicht liebt, bleibt im Tod" (1 Joh 3,14). Damit hat die franziskanische Botschaft noch einmal einen zentralen Punkt angesprochen, der heute wie zu allen Zeiten eine besondere Aktualität hat. Und mit diesem Gedanken kann man auch ganz gut enden – nicht nur im Sonnengesang, sondern auch in diesem Aufsatz.

Am Rande des Abgrundes

1. Die rettende Vision

Wir leben heute weltweit am *Rande des Abgrundes,* haben apokalyptische Aussichten und wenig Kraft und Zuversicht. Wie könnte es anders sein angesichts der riesigen Probleme, die sich uns im Zusammenhang von Frieden, Gerechtigkeit und Bewahrung der Schöpfung stellen? Die Menschheit bewegt sich am Rande des Abgrundes.

Da ist es gut, sich zu erinnern, daß der Sonnengesang des heiligen Franz – biographisch gesehen – am Rande des Abgrundes entstanden ist, nämlich „als er krank in San Damiano darniederlag" (Cod. As, fol. 33r). Franziskus ist am Ende seiner körperlichen und geistigen Kräfte, von Malaria geschüttelt, von Blutarmut geschwächt, mit feurig entzündeten Augen erblindet, mit blutend stechenden Gliedern. Das Gefühl, gescheitert zu sein, erfüllt ihn bis in alle Ecken seiner Seele hinein: Er glaubt sich vom Orden, von den Menschen, von der Kirche, ja von Gott im Stich gelassen, verworfen, verdammt. Die Mächte der Finsternis sind über ihn hergefallen und die Tiere der Hölle auf ihn losgelassen. Er ist am Ende, völlig umnachtet und hoffnungslos, das Gebet fällt ins Leere.

Da mischt sich unter die Bilder, die ihn knechten und quälen, ein gutes Bild: die *majestas Domini,* der thronende Christus, der alles in Händen hält. Aus dem Innern des heiligen Franz muß mitten in aller Qual und Depression – das ist meine Hypothese, die ich jetzt nicht beweisen kann – eine damals häufige Christusdarstellung aufgestiegen sein und ihn zurückgebunden haben an die rettende Gegenwart Christi. In Buchillustrationen, an Reliquienschreinen, Kirchenwänden und -fassaden kann Franziskus öfter gesehen haben, wie Christus auf dem ganzen Erdenrund thront, umgeben von Sonne und Mond, Wind und Wasser, Feuer und Erde, der Welt des Menschen und des Todes. Nun, da er am Rande des Abgrunds ist, wird ihm dieses Bild zur rettenden Vision. Er setzt sie in Worte, macht sie zum mitreißenden Gedicht, besingt sie in einem Jubellied. Es entsteht ein Text, der das erste größere erhaltene Stück italienische Literatur darstellt – in der gleichen konzentrierenden Kraft, die der bildenden Vorlage, der Majestas Domini, innewohnt.

Der Sonnengesang des heiligen Franz ist also kein Abbild der Wirklichkeit, sondern eine *Vision,* die die vordergründigen Erscheinungen der Welt auf Zukunft hin aufbricht, ist *poetisch-mystischer Gegenentwurf* zur unmittelbaren, aber oft doch nur momentanen Erfahrung. Das eigentlich Rettende liegt nicht auf der Hand, sondern hinter aller Alltagserfahrung. Und nur der Sensible, der Intuitive, der Mystiker vermag es zu sehen, zu glauben und dann zur Grundlage einer neuen Hoffnung und Politik zu machen.

Genau das aber ist heute notwendig, wenn wir noch eine Zukunft haben wollen und wenn eine „Logik der Rettung" (R. Bahro) in Gang kommen soll. Wir müssen – sensibel, einfühlend, in Meditation und Kontemplation und ekstatisch, über uns hinausgreifend in Jubel und Feier – uns *zurückbinden an jene göttliche Instanz, von der aus Rettung und Zukunft für die ganze Welt ausgehen kann.* Dies ist das erste, was uns der Sonnengesang heute lehrt.

2. Die Menschwerdung Gottes

Das zweite ist dies: Die rettende Instanz ist in der Schöpfung selbst gegenwärtig. Wir müssen sie nicht außerhalb der Welt suchen, sondern in den Dingen, in der Geschichte der Menschen und der Erde. Der Sonnengesang ist ein spezifisch christliches Lied, er lebt vom Gedanken der *Menschwerdung Gottes.*

Sehen wir doch das erste und letzte Wort des Sonnengesanges an: Nach der Menschwerdung Gottes ist der allerhöchste Gott nur noch in der allertiefsten Demut zu suchen und zu finden, in der *„Humilitas"*, in der Erdverbundenheit, in der *Einbettung in den Humus,* nicht mehr in weltjenseitiger Distanz, sondern in sinnlich erfahrbarer Nähe, in Communio und Teilhabe, in der hin- und herfließenden Verbundenheit des Irdischen.

Und sehen wir doch das zweite und das zweitletzte Wort des Sonnengesanges an: Nach der Menschwerdung Gottes ist der allmächtige Gott nur noch in der „Knechtschaft", im „*servitium*", zu suchen und zu finden, im Verzicht auf alle Herrschaft, Macht, Gewalt, Ausbeutung und Willkür. Gott kommt nicht mehr von oben, sondern von unten, in Güte und Liebe, in Hingabe und Freundschaft, in Beziehungen, in denen der einzelne und die einzelne das Wohl und Heil der anderen Menschen und der anderen Geschöpfe im Auge hat und sich dafür in den Dienst nehmen läßt.

Und sehen wir doch schließlich das dritte und drittletzte Wort des Sonnengesanges an: Nach der Menschwerdung Gottes ist Gott nur noch als beglückende Gegenwart zu suchen und zu finden, nicht mehr als angstmachender Richter und Polizist, sondern als *gute Macht, die eingegangen ist in die Hände und Herzen der Menschen,* die sich selbstlos verausgabt hat in der Hingabe am Kreuz. Gott, der sich wegbegeben hat, kann darum nur noch im „Verdanken" und „Zurückgeben" entdeckt und erfahren werden, in der sich verausgabenden Kraft, die alles wandelt und zum Guten führt, im totalen Engagement, das in seiner eigentlichen und inneren Dynamik von Gott her kommt, sich also letztlich seiner Hingabe verdankt. Nur in der Hingabe an die Hingabe Gottes ist Gott nach der Menschwerdung erfahrbar, im eucharistischen Dank, in dem die ganze Welt das göttliche Leben miteinander teilt und kommuniziert.

Ja, in seiner Menschwerdung ist Gott in alles Irdische eingegangen. Gott, Jesus Christus, ist die innere Prägung der Schöpfung. Er ist alles in allem: Was im Bild der Majestas Domini, des in der Schöpfung thronenden Christus, dargestellt ist, das bringt Franziskus so zum Ausdruck, daß er die ersten und letzten Worte des Textes miteinander verbindet. Auf diese Weise entsteht das sternförmige Christuszeichen, das im Mittelalter über einen Raum gezeichnet wurde, um ihn für Christus in Besitz zu nehmen. Hinzu kommt, daß Franziskus das Lied in 33 Zeilen aufteilt, die Zahl der Lebensjahre Christi, und daß er sehr oft die Zahl Drei benützt, das Symbol der Dreifaltigkeit. Gott ist in der Schöpfung alles in allem, er fordert ein neues ökologisches Verhalten, nämlich die Verbundenheit mit dem Humus, allesumfassendes Dienen und eine kosmische Eucharistie. Das ist das zweite, was uns der Sonnengesang heute lehrt.

3. Umfassende Kommunikation

Und das dritte ist dies: Die Schöpfung ist nicht so sehr durch Über- und Unterordnung, durch hierarchische Seinsstufen zu unterscheiden. Sie ist vielmehr *durch eine alles umfassende Kommunikation* bestimmt: Teilhabe am göttlichen Leben ist der Sonne und dem Mond, dem Wind und dem Wasser, dem Feuer und der Erde ebenso eigen wie dem Menschen. Was uns verbindet, ist mehr als das, was uns trennt. Wir sind – ob Stein, Pflanze, Tier oder Mensch – verschwistert, Brüder und Schwestern auf gleicher Ebene, vielleicht – so meint Franziskus – sind die anderen Geschöpfe sogar würdiger als der Mensch, Gott bei seinem Namen zu rufen, ihn zu benennen und zu besingen. Auf jeden Fall: Die Schöpfung ist in der Vision des heiligen Franz eine lebendige Einheit vor Gott, eine gottesdienstliche Versammlung, ein großer Gesangverein, eine „Demokratie“ von Brüdern und Schwestern. Mensch und Natur stehen einander nicht gegenüber, sondern leben geschwisterlich versöhnt miteinander vor Gott. Wer aber Bruder ist und Schwester, darf nicht ausgebeutet und vereinnahmt werden, da muß die Gier, zu besitzen und gefügig zu machen, in der Wurzel ausgerottet und grundsätzlich verbannt werden. In den Bruder und die Schwester darf der Mensch nicht respektlos eindringen und eingreifen. Für männlich-patriarchales Verhalten gibt es in der franziskanischen Vision keinen Raum. Der Gebrauchswert der Geschöpfe muß auf das absolut Notwendige reduziert werden, der Eigenwert und damit das in sich selbst ruhende Existenzrecht der Geschöpfe hat absoluten Vorrang. Mit anderen Worten: Eine Ökonomie ist nur auf einer ökologischen Grundlage möglich. Das ist das dritte, was uns der Sonnengesang heute lehrt.

4. Sexuelle Polarität

Und das vierte ist dies: Die Geschwisterlichkeit, von der eben die Rede war, bezieht sich in der Vision des heiligen Franz auch auf *die sexuelle Polarität.*

Seit alters her ist die Sexualität Mißverständnissen ausgesetzt. Offenbar ist sie ein ebenso allgemeines wie schwerverständliches Phänomen. Gerade in der Zeit des heiligen Franziskus werden Körper, Materie, Sexualität einem bösen Geist angelastet und verteufelt. Franziskus aber entdeckt, daß in einem solchen Weltbild kein Platz ist für die Menschwerdung Gottes. Er betont, daß Gott alles Geistige und alles Leiblich geschaffen hat (NbReg 23), ja, daß Gott selbst in das Fleisch des Menschen eingegangen ist (BrGl II) und an der Brust einer Frau gehangen hat (2 Cel 199). Wenn dem so ist, dann ist die sexuelle Polarität von Versöhnung und Geschwisterlichkeit umgriffen und bis ins tiefste hinein durchdrungen. Dann sind Mann und Frau gerade in ihrem geschlechtlichen Ausdruck Bruder und Schwester. Im Sonnengesang nun macht Franziskus diese Auffassung zum *Formprinzip:* Alle Geschöpfe sind in ihrer geschlechtlichen Bestimmung erkannt und einander zugeordnet: der Bruder Sonne der Schwester Mond und den Schwestern Sternen, Bruder Wind der Schwester Wasser, Bruder Feuer der Schwester Mutter Erde, Bruder Liebe der Schwester Tod. *Ordnungsprinzip der Welt ist nicht Herrschaft und Hierarchie, sondern das Paar, die Beziehung:* Mann und Frau, Bruder und Bruder, Schwester und Schwester. Es ist nicht gut, daß der Mensch allein bleibt, steht schon in der Heiligen Schrift (Gen 2,18), und Franziskus schickt seine Brüder zu zweit in die Welt. Die Beziehung ist wichtig, in der Beziehung vollzieht sich die Schöpfung, in der Beziehung kommt der Mensch zu sich, ja, Gott selbst ist nur als lebendige Beziehung erfahrbar. Die Schöpfung ist also zu begreifen als lebendiges Netz von Beziehungen. Das ist das vierte, was uns der Sonnengesang heute lehrt.

Das soll für den Moment als Einführung in den Sonnengesang genügen. Wir wollen uns jetzt von der franziskanischen Vision der Schöpfung mitreißen lassen, damit wir Kraft haben für ein anderes Verhalten und für eine andere Politik.

5. Sonne und Mond

Auf den genannten Darstellungen der „Majestas Domini", des thronenden Christus, sind links und rechts immer Sonne und Mond bzw. Tag und Nacht dargestellt. Wenn wir uns nun den beiden entsprechenden Strophen im Sonnengesang zuwenden, so möchte ich vorausschicken, *daß poetische Texte immer auf mehreren Ebenen zu lesen sind.*

Selbstverständlich sind Bruder Sonne, die Schwestern Mond und Sterne zunächst einmal *für sich stehende Geschöpfe in Gottes Hand:* Gestirne am Himmel, die den Tag und die Nacht bestimmen, wunderbare Lichter, die wir bestaunen und bewundern können, Gestalten, die wie menschliche Gesichter uns anziehen und zum Staunen bringen wollen. Sie erhellen unsere Gedanken, unser Gemüt und unser Herz, sie glänzen und strahlen, sind schön, geformt, kostbar. Aber ich möchte betonen, daß auch diese Beschreibung vor allem Vision ist, nicht Realität. Franziskus kann zum Zeitpunkt der Abfassung des Sonnengesanges das Licht nur unter Schmerzen sehen, ist im Gefolge einer infektuösen Augenkrankheit, des sog. Trachoms, beinahe schon blind. Franziskus erlebt also in der konkreten Situation, in der er sich befindet, die Lichtträger am Himmel nicht so, wie er sie besingt, nicht in ihrer gegenwärtigen Realität, sondern in ihrer potentiellen Zukunft. Die Realität ist anders als die Vision.

So möchte ich bitten, daß wir *Realitätserfahrung und visionäre Schau verbinden.* Lassen wir unsere Erfahrung von Sonne zu: zu viel Sonne, zu wenig Sonne und die Folgen: Allergien, Hautkrebs, Dürre- und Eiswüsten, aber auch Sonnenbad und Sonnenbrand, beglückende Sonnenauf- und niedergänge, aber auch die immer noch zu zaghaften Versuche einer sanften Energiegewinnung; lassen wir unsere Erfahrung von Mond zu: Launenhaftigkeit *und* Verliebtheit, Ernüchterung durch die Mondraketen *und* die Phantasie der Dichter; und lassen wir unsere Erfahrung von den Sternen zu: das Entzücken vor der Weite des Alls, die Neugier, was wohl in den Sternen geschrieben steht, die Entzauberung durch den ungebührlichen Griff nach den Sternen, die Lieder der Nacht und die Militarisierung der Sterne (Spionagesatelliten, SDI), die zunehmende Weltallverschmutzung durch nicht mehr zu gebrauchende Satelliten und Raketen. Lassen wir das alles und noch viel mehr zu, aber *entwickeln wir über die konkrete Realitätserfahrung hinaus auch eine neue Vision von einem Weltall, mit dem wir in einem brüderlich-schwesterlichen Verhältnis leben und das uns seinerseits ein geschwisterliches, lebenförderndes Antlitz zeigt.* Nur so werden wir eine Zukunft haben. Dies ist die eine Ebene, auf der wir diese beiden Strophen verstehen können.

Die zweite Ebene ist die *vielfältige Symbolik,* ja *Sakramentalität,* die in allem vorhanden ist. So richtig es ist, daß jedes Geschöpf bei Franziskus ein unveräußerliches und einmaliges Wesen ist und einen je eigenen Charakter hat, also in einem wirklichen Sinn Bruder und Schwester ist, so sehr weist alles auf etwas anderes hin. Alles ist auch Symbol, Hinweis, Spur, Sakrament: In allem und jedem verdichtet sich eine religiöse und mitmenschliche Erfahrung, die uns anregt, zu Dichtern und Betern zu werden. Von der Sonne ist dies ausdrücklich gesagt: Von Dir, Gott, trägt sie Bedeutung – *de te, altissimo, porta significatione.* Die Sonne steht da für Gott selbst. Und auch der Mond und die Sterne stehen für etwas anderes da.

Um zu begreifen, wofür Mond und Sterne stehen, muß ich in einer Art Klammer sagen, daß die ungenügende und heute als falsch erkannte Naturbeobachtung des mittelalterlichen Menschen dazu führte, in der Frau ein rein passives Wesen zu erblicken. Im Zeugungsvorgang ist sie – nach dieser falschen Ansicht – das aufnehmende Gefäß, reines Empfangen, der Mann dagegen überbordendes Leben, reines Geben. Deswegen ist die Frau für eine religiöse Welterfahrung Symbol für den Menschen, der bloß passiv empfangend auf Gott verwiesen ist. Darum hat Franziskus – immer bezogen auf Gott – ein frauliches Selbstbewußtsein: Er fühlt sich als Frau, die Gott erwählt und mit der Gott Kinder zeugt, seinen Orden (3 Gef 50f). Ich muß es bei diesem einen Beleg bewenden lassen und kehre zu Mond und Sternen zurück. Sie stehen in einem religiösen Sinn – ob Mann oder Frau – für den Menschen, der dem Geheimnis Gottes zugewandt ist.

Die Sonne ist überbordendes Licht, der Mond und die Sterne haben ihr Licht rein passiv, in der Weise des Empfangens, aus der Begegnung mit der Sonne. In seiner Vaterunser-Erklärung deutet Franziskus den Himmel so: Er ist dort, wo das Licht Gottes im Geheimnis personaler Existenz aufleuchtet: in den Engeln und Heiligen! Sie – wir – empfangen, was Gott in sich ist: überfließendes Licht, sie – wir – können darum erkennen, einsehen, verstehen. In seinem bekannten Gebet vor dem Kreuzbild in San Damiano, auf dem ja die Farben des Lichts dominant sind, betet Franziskus: „Lichtvoller Gott, erleuchte die Finsternis meines Herzens . . ., gib mir Erkenntnis und Sinn, damit ich Deinen wahren und heiligen Auftrag erkenne.“ Nur in der Begegnung mit der Sonne werden wir Licht, nur in der Begegnung mit Gott erkennen wir wirklich!

Diese Lichtsymbolik steht bei Franziskus im Vordergrund. Dieses Licht ist gleichzeitig Energie für das Handeln, da Erkennen nicht einfach Theorie ist, sondern Auftrag. Die Frage, die für uns heute im Mittelpunkt steht, die materielle Energie, ist bei Franziskus noch nicht aktuell. Um so mehr für uns heutige Menschen!

6. Bruder Wind und Schwester Wasser

Das Bild des thronenden Christus enthält oft auch eine symbolhafte Darstellung von Wind und Wasser, oft auch die Jahreszeiten und das Meer.

Ich erinnere an das, was ich bereits gesagt habe. Die Realitätserfahrung von Wind und Wasser sieht anders aus, die Winde waren auch damals nicht nur milde, es gab auch Sturm und Gewitter, Blitz und Donner, das Wasser war auch damals nicht nur nützlich, keusch, demütig, es gab auch Überschwemmungen und ausbleibenden Regen. Und heute kommen Smog und saurer Regen dazu. Tschernobyl und Sandozbâle, die Ölverpestung und die Versenkung des Atommülls im Meer . . . Nehmen wir das alles wahr. Nur so werden wir aus der Vision von Bruder Wind und Schwester Wasser die Kraft für ein neues Verhalten zur Natur und für eine neue Wirschaftspolitik entwickeln.

Aber auch hier gilt die religiöse Symbolik. Der Wind steht da für Energie, Kraft, Bewegung, Dynamik, für den Heiligen Geist Gottes, der das Antlitz der Erde erneuert – sofern wir sind wie das Wasser, das jedem Windhauch gehorcht. Das Wasser ist verfügbar, beweglich, es sucht den Weg nach unten, will dienen, nicht herrschen. Es ist Symbol für den Menschen, der auf den menschgewordenen Gott eingegangen ist. Nicht von ungefähr betont Franziskus beim Wasser unter anderem die „Demut", jene Tugend, welche Gott in seiner Menschwerdung in besonderer Weise lebt. Nur der demütige, der mit dem Humus verwandte Mensch, nur wer die Karriere nach unten antritt, hat Gott ganz und gar in sich aufgenommen!

7. Bruder Feuer und Schwester Mutter Erde

Wie die anderen Elemente finden sich Feuer und Erde ebenfalls auf dem Bild, das meiner Meinung nach den Sonnengesang innerlich bestimmt.

Für das Feuer hatte Franziskus eine besondere Wertschätzung, weil es ihm Gott repräsentierte in der Nacht. Er nannte es die Sonne der Nacht, und dies ist nochmals ein Hinweis auf die Sakramentalität der Dinge. Nur ist das Feuer uns näher, man kann ihm wehtun. Deswegen gab Franziskus einmal die in dieser Situation unsinnige Weisung – die Kutte des Heiligen hatte Feuer gefangen und ein Bruder wollte es löschen –: Bruder, tu dem Bruder Feuer nicht weh! So sehr Franziskus Schönheit und Kraft des Feuers bewundert, so sehr sieht er auch seine Leidensfähigkeit. Man kann dem Bruder wehtun, und das darf auf gar keinen Fall geschehen!

Auch die Erde ist bei Franziskus besonders auffallend gekennzeichnet. Er nennt sie Schwester Mutter Erde: „sora nostra matre terra". Ich habe letzthin eine große Diskussion gehabt mit einer Gruppe, die diese Verbindung von Mutter und Schwester nicht akzeptieren konnte. Die Erde ist Materie, Mutterboden, aus dem alles Leben geboren wird, Mutter – aber wir wissen doch alle, daß Mütter nicht nur das Leben schenken, nicht nur Leben freisetzen, sondern unter Umständen auch an sich binden und einengen, ja sogar verschlingen können. Daß die Mutter Schwester ist, also das Leben, das aus ihr hervorgegangen ist, freigibt, uns als selbständiges Wesen bejahen und lieben kann, ist darum eine notwendige franziskanische Ergänzung!

Damit ist aber nochmals darauf hingewiesen, daß Franziskus die negativen Seiten von Feuer und Erde kennt und daß er die visionäre Kraft entfaltet, die die Realitätserfahrung verändern kann. Denken wir also mit aller Klarheit an die Waldbrände, den Weltenbrand in einem möglichen Atomkrieg, denken wir an die zerstörerische Feuerkraft der militärischen Blöcke. Und denken wir auch an die ungerechte Verteilung der Güter auf der Erde, an den Hunger und das Elend der einen und an die Völlerei und Fresserei der anderen, denken wir an den nuklearen Winter und an die Klimakatastrophe, wo keine bunten Kräuter und Gräser mehr wachsen werden. Je stärker unsere Phantasie die Katastrophe ausmalt, um so stärker wird vielleicht auch unsere Vision von einem brüderlichen Antlitz des Feuers und einer schwesterlichen Gestalt der Erde.

Auch hier möchte ich die *religiöse Symbolik* unterstreichen. Die Philosophie der Töpfer weiß seit Jahrtausenden, daß geformte Erde durch das Feuer muß, um Halt und Bestand zu haben. Das Feuer des Heiligen Geistes ist im Glauben Halt und Bestand, und die Erde steht da für uns selbst: Wir haben nur dann Dauer und Bestand, wenn wir das göttliche Feuer in uns tragen, die heilige Leidenschaft, den Frieden zu bringen, eine Gerechte Welt zu schaffen und die Schöpfung in all ihren Teilen zu respektieren.

8. Liebe und Tod

In einigen Darstellungen des thronenden Christus ist auch eine geographische Symbolik aufgenommen: ein dreigeteilter Kreis; die obere Hälfte stellt Asien dar, die verbleibende linke Seite unten: Europa, und die rechte Seite unten: Afrika. Oft sind diese Teile auch ausgefüllt mit Bildern von Tod und Auferstehung oder vom menschlichen Zusammenleben und von Krieg.

Bei Franziskus spielen die beiden Strophen eine besondere Rolle: Die sog. Friedensstrophe soll Franziskus gedichtet haben, um den Bischof und den Bürgermeister von Assisi miteinander zu versöhnen. Frühestens hier bekommt unser Sonnengesang einen ausdrücklich politischen Charakter. Er ist nicht nur Friedensmystik, sondern auch *Friedenspolitik*. Nicht nur die Beschreibung eines ersehnten Zieles, sondern gleichzeitig auch eine Methode, den Frieden zu bringen. Franziskus spricht von der Vergebung für vergangenes Unrecht und von der Geduld, von der inneren Kraft, welche in politischen Kämpfen die äußere Gewalt zu ersetzen hat.

Die Todesstrophe dagegen ist nach der Angabe der Biographen geschrieben worden, um den eigenen Tod zu bewältigen. Franziskus wollte ihn als willkommene Schwester bejahen und begrüßen. Dabei unterscheidet Franziskus eine erste vordergründige Wirklichkeit des Todes, das biologische Ende, und eine zweite, hintergründige, eigentliche Wirklichkeit des Todes, die tödliche Schuld bzw. das, was mit dem Symbol der Hölle gemeint ist: die absolute Beziehungslosigkeit (vgl. Offb 2,11). Den ersten Tod braucht nicht zu fürchten, wer in geschwisterlichen Beziehungen der Liebe lebt. Er kann den Tod als liebe Schwester in die Arme nehmen, weil der „zweite", der eigentliche Tod keinen Anhalt an ihm findet.

Diese beiden Strophen zeigen, wie Franziskus seine Vision einer geschwisterlichen Welt hineinträgt in die Realität von Schuld, Konflikt und Tod. Das gilt nicht nur für diese beiden Strophen, an denen das besonders deutlich wird, sondern für den ganzen Sonnengesang, der von der Form her eine Predigt ist, eine Ermahnung, wie Franziskus sie auch sonst pflegte.

So ist es auch hier wichtig, die ganze Konflikterfahrung des Menschen zu bedenken: die Beziehungslosigkeit bei vielen, das Zerbrechen der sinngebenden Sinneinheiten von Ehe und Familie, von Volk und Kultur, Streit und Neid im Alltag, die großen und kleinen Kriege zwischen den einzelnen und den Völkern, die Konflikte zwischen Ost und West, zwischen Nord und Süd. Nur wer sich realistisch von dieser Welt treffen läßt, wie Franziskus sich persönlich aufgerufen wußte durch den Konflikt zwischen den städtischen Instanzen, kann zum Friedensstifter werden. Und dazu sind wir als franziskanische Familie von einer geschwisterlichen Vision der Schöpfung her heute aufgerufen!

Nun möchte ich aber auch hier nochmals auf die *religiöse Symbolik* aufmerksam machen. Auch hier sind die beiden Strophen von der geschlechtlichen Polarität her einander zugeordnet: in der Friedensstrophe ist „Liebe" das zentrale Wort: „per lo tuo amore". Zunächst: „amore" ist männlich! Und dann wissen wir aus anderen Stellen aus dem Werk des heiligen Franz, daß wir hier übersetzen müßten: „weil Du uns liebst", „wegen Deiner Liebeshingabe am Kreuz" müssen wir einander vergeben und ertragen, müssen wir den Frieden bewahren und stiften. Die Liebe ist Gottes Liebe zu uns. Nach dem Johannesevangelium ist es diese Liebe allein, welche unseren Tod, den eigentlichen Tod, die Beziehungslosigkeit, überwindet: „Wir wissen, daß wir aus dem Tod in das Leben hinübergegangen sind, weil wir die Brüder und Schwestern lieben. Wer nicht liebt, bleibt im Tod . . . Daran haben wir die Liebe erkannt, daß Er sein Leben für uns hingegeben hat. So müssen auch wir unser Leben für die Brüder und Schwestern hingeben“ (1 Joh 3,14). Wer liebt, lebt und muß den Tod nicht fürchten! Die Liebe aber, die den Tod überwindet, ist die Liebe Gottes, die wir immer wieder empfangen dürfen.

XIII

Fioretti 26

Der heilige Franziskus erging sich einmal in dem öden Land, das zu der sogenannten Vorstadt vom heiligen Grab gehörte, und kam dabei auf eine befestigte Höhe, die Monte Casale hieß. Da kam ein vornehmer und zarter Jüngling zu ihm und sprach: „Vater, ich möchte gern zu euern Brüdern gehören." St. Franziskus antwortete: „Mein Sohn, du bist jung, zart und aus vornehmem Hause, vielleicht könntest du unsere Armut und harte Lebensweise nicht ertragen." Er aber sagte: „Vater, seid ihr nicht Menschen wie ich? Wie ihr es also ertragt, werde ich es können, wenn Jesus Christus mir gnädig ist." Diese Antwort gefiel dem heiligen Franziskus; daher segnete er ihn, nahm ihn auf der Stelle in den Orden auf und gab ihm den Namen Bruder Angelo. Und dieser Jüngling führte sich so gut, daß er ihn nach kurzer Zeit zum Guardian des Klosters von Monte Casale machte.

Zu jener Zeit hausten in der Umgegend drei berüchtigte Räuber, die viele Übeltaten im Lande verübten. Eines Tages kamen sie zu der genannten Niederlassung der Brüder und baten den Bruder Angelo, den Guardian, ihnen zu essen zu geben. Der Guardian aber ließ sie scharf an und antwortete: „Ihr Räuber und Mörder, ihr schämt euch nicht nur nicht, die mühsame Arbeit anderer an euch zu reißen, sondern nun wollt ihr gar, unverfroren und frech wie ihr seid, euch an Almosen gütlich zu tun, die den Knechten Gottes zugewendet wurden! Die ihr doch nicht wert seid, daß die Erde euch trägt! Denn ihr habt keinerlei Achtung weder vor Menschen noch vor Gott, der euch erschuf. Hebt euch weg um eurer Missetaten willen und kommt mir nie mehr vor die Augen!" Da wurden sie sehr bestürzt und zogen verdrossen ab.

Doch siehe, da kehrte gerade der heilige Franziskus zum Kloster heim und hatte die Tasche voll Brot und ein Krüglein Wein, das er und sein Begleiter sich erbettelt hatten. Als nun der Guardian ihm berichtete, wie er die Räuber fortgejagt hatte, tadelte er ihn heftig und sagte, er habe grausam gehandelt; denn Sünder würden eher durch Sanftmut als durch hartes Schelten zu Gott zurückgeführt. „Daher sagt auch unser Meister, Jesus Christus, dessen Evangelium wir nachzuleben versprochen haben, nicht die Gesunden bedürften des Arztes, sondern die Kranken; und er sei nicht gekommen, die Gerechten zur Buße zu rufen, sondern die Sünder. Und darum hat er so oft sein Brot mit ihnen geteilt. Da es also nun so ist, daß du gegen die Nächstenliebe und gegen das Heilige Evangelium gefehlt hast, befehle ich dir, bei dem Gelübde des Gehorsams, unverzüglich diese Tasche mit Brot zu nehmen und diesen Krug mit Wein und hinter ihnen herzugehen, treulich über Berg und Tal, bis du sie findest. Dann biete ihnen all das Brot und all den Wein in meinem Namen an. Und beuge dein Knie vor ihnen und bekenne ihnen reumütig die Schuld deiner Härte. Bitte sie in meinem Namen, keine Untat mehr zu begehen, sondern Gott zu fürchten und ihre Mitmenschen nicht mehr anzufallen. Und wenn sie das tun wollen, so verspreche ich ihnen, für ihre Bedürfnisse Sorge zu tragen und ihnen tagein tagaus Essen und Trinken zu geben. Wenn du ihnen dies bestellt hast, so komm in Demut zurück."

Während der Guardian auszog, um dem Befehl des heiligen Franziskus Folge zu leisten, warf sich dieser im Gebet nieder und bat Gott, die Herzen der Räuber zu erweichen und sie zur Buße zu bekehren. Der gehorsame Guardian holte sie ein, bot ihnen das Brot und den Wein und tat und sagte, wie ihm St. Franziskus aufgetragen hatte. Und da es Gott gefiel, begannen die Räuber, während sie das Almosen des heiligen Franz verzehrten, untereinander zu reden: „Weh uns armen Abenteurern! welch schwere Strafen der Hölle müssen wir gewärtigen, die wir nicht nur ausziehn, unsere Nächsten zu berauben, zu schlagen und wegzuschleppen, sondern sie auch töten. Und trotz aller Übeltaten und Verbrechen, die wir verüben, haben wir keine Reue und keine Furcht vor Gott! Und da ist nun dieser fromme Bruder, der zu uns um ein paar Worte gekommen ist, die er mit Recht über unsere Niedertracht gesagt hat, und bekennt demütig seine Schuld! ja, noch mehr, er hat uns Brot und Wein gebracht und das großmütige Versprechen des heiligen Vaters! Das sind wahrhaftig die heiligen Brüder Gottes, die das Paradies verdienen. Wir aber sind Söhne des ewigen Verderbens, welche die Strafen der Hölle verdienen, und jeden Tag wachsen wir unserer Verdammnis entgegen; wir wissen nicht, ob es aus unseren Sünden, die wir bis heute begangen haben, noch einen Rückweg zu Gottes Barmherzigkeit gibt."

Solches und ähnliches sagte einer von ihnen; darauf sprachen die andern: „Gewiß, du sagst die Wahrheit; was sollen wir also tun?" „Laßt uns zu St. Franziskus gehn", sagte einer; „und wenn er uns Hoffnung gibt, daß wir die Vergebung Gottes für unsere Sünden erlangen, wollen wir tun, was er uns befiehlt, und unsre Seelen von den Strafen der Hölle erretten."

Dieser Rat gefiel den andern; und sie wurden sich einig, sich eiligst zu dem heiligen Franziskus zu begeben, und sagten zu ihm:

„Vater, wir, die wir so viele Verbrechen auf uns geladen haben, glauben nicht, daß es einen Rückweg zur Barmherzigkeit Gottes für uns gibt. Wenn du jedoch Hoffnung hast, daß uns Gott zur Vergebung zuläßt, so sind wir bereit, zu tun, was du uns sagst, und mit dir Buße zu tun.“

Da nahm sie St. Franziskus in seiner Liebe gütig auf und ermutigte sie durch sein Vorbild. Er machte ihnen Gottes Barmherzigkeit zur Gewißheit und versprach ihnen, sie selbst von Gott für sie zu erflehen. Und er zeigte ihnen, daß sie unermeßlich sei. „Und wenn wir auch unermeßlich viele Sünden hätten, Gottes Barmherzigkeit ist noch größer als unsre Sünden, wie das Evangelium lehrt; und der Apostel Paulus hat gesagt: Christus, der Gebenedeite, ist in diese Welt gekommen, um die Sünder loszukaufen.“

Auf diese Worte und ähnliche Lehren hin entsagten die drei Räuber dem Teufel und seinen Werken; St. Franziskus nahm sie in den Orden auf, und sie begannen, sich eifriger Buße zu unterziehen. Aber zwei von ihnen lebten nicht mehr lang nach ihrer Bekehrung, sondern gingen in das Paradies ein. Der dritte indessen, der am Leben blieb, gab sich im Gedanken an seine Sünden so tiefer Buße hin, daß er fünfzehn Jahre hindurch – abgesehen von den ordnungsmäßigen Fasten, die er mit den andern Brüdern einhielt – drei Tage der Woche bei Wasser und Brot fastete, immer barfuß und mit nicht mehr als einem Rock bekleidet umherging, auch niemals sich nach der Frühmesse wieder schlafen legte.

Textsammlung von Perugia 115

Es gab eine Zeit, da kamen hinwieder Räuber zu einer Einsiedelei der Brüder über Borgo S. Sepolcro, um bei den Brüdern Brot zu betteln. Denn sie hielten sich in jener Gegend in den großen Wäldern versteckt und überfielen von da aus die Menschen auf den Straßen und Wegen, um sie auszurauben. Darum sagten einige Brüder: „Es ist nicht gut, ihnen Almosen zu geben, denn es sind Räuber und tun den Menschen so viel und so großes Leid an.“ Andere dagegen zogen in Betracht, daß sie demütig bettelten und aus großer Not heraus zum Betteln gezwungen sind. Darum gaben sie ihnen hin und wieder etwas, wobei sie sie ermahnten, sich zu einem christlichen Leben zu bekehren.

In dieser Zeit kam dann auch Franziskus zu diesem Ort. Die Brüder stellten ihm diesbezüglich Fragen, vor allem, ob sie den Räubern Brot geben sollten oder nicht. Der heilige Franziskus sagte: „Wenn ihr tut, wie ich euch gleich sage, dann vertraue ich auf Gott, daß er die Seelen jener gewinnt." Und er fügte hinzu: „Geht, holt gutes Brot und guten Wein und bringt es den Räubern im Walde, dorthin, wo sie eurer Meinung nach sind. Dann ruft laut: ‚Brüder Räuber, kommt zu uns, denn wir sind Brüder und bringen euch gutes Brot und guten Wein!' Sie werden dann gleich zu euch kommen. Breitet dann ein Tischtuch auf dem Boden aus, legt das Brot und den Wein darauf und bedient sie demütig und mit großer Freude, bis sie satt geworden sind: nach dem Essen sprecht ihr einige Worte des Herrn und zuletzt bringt ihr in der Kraft der Liebe Gottes eine erste Bitte vor: Sie mögen euch versprechen, daß sie wenigstens die Personen schonen und diese nicht verfolgen und keinem etwas Böses antun würden. Denn, wenn ihr alles auf einmal verlangt, werden sie nicht auf euch hören. So aber werden sie es euch sofort versprechen wegen eurer Demut und der Liebe, die ihr ihnen erweist.

An einem anderen Tag erhebt euch wieder. Und weil sie euch das Versprechen gegeben haben, könnt ihr zum Brot und zum Wein auch noch Eier und Käse hinzufügen. Geht in gleicher Weise wieder zu ihnen, bedient sie, bis sie satt geworden sind. Dann – nach dem Essen – könnt ihr sagen: ‚Was steht ihr den ganzen Tag herum? Und sterbt aus Hunger und erleidet selbst viel Leid und wollt und tut so viel Böses an anderen. Ihr werdet darum eure Seelen verlieren, wenn ihr euch nicht bekehrt. Es ist doch besser, dem Herrn zu dienen, und er wird euch in dieser Welt alles geben, was ihr für euren Leib nötig habt. Und zuletzt wird er auch eure Seelen retten.' Und Gott wird aus seinem Erbarmen heraus sie innerlich ansprechen, daß sie sich bekehren wegen eurer Demut und wegen der Liebe, die ihr ihnen erwiesen habt."

Die Brüder standen auf und taten alles, was ihnen der heilige Franziskus gesagt hat. Und die Räuber, auf die die Barmherzigkeit und Gnade Gottes herabstieg, taten und beobachteten alles Punkt für Punkt, was die Brüder an Bitten vorbrachten. Wegen der Geschwisterlichkeit und der Liebe, welche ihnen die Brüder zeigten, begannen sie ihnen Holz auf dem Rücken zur Einsiedelei zu bringen. Und wegen dieser Liebe und Geschwisterlichkeit, die sie bei den Brüdern erfuhren, traten die einen in die Brüdergemeinschaft ein, andere versprachen den Brüdern, in Zukunft nichts Böses mehr zu tun, sondern von ihrer Hände Arbeit leben zu wollen und gingen zur Bußbewegung (zum „Dritten Orden").

Viele Brüder und andere, die davon hörten, waren sehr verwundert darüber. Sie zogen die Heiligkeit des heiligen Franz in Betracht, die Art und Weise, wie er die Bekehrung derer vorausgesagt hatte, die doch so verruchte und böse Menschen waren, und wie plötzlich diese Bekehrung vonstatten ging.

Nicht alles auf einmal und vor allem mit Güte!

Wenn man einmal die Schriften des heiligen Franz unter dem Gesichtspunkt der Erziehung anschaut, dann entdeckt man darunter eigentliche Lehrstücke der Pädagogik. Dazu gehört nun auch die Geschichte von der Bekehrung der Räuber. Leonardo Boff hat im Anschluß daran von einer *„Pädagogik der Eroberung und Befreiung“* gesprochen.

Vergleich mit einer späteren Geschichte

Nun möchte ich auch hier wiederholen, was ich schon im Zusammenhang mit der Geschichte von der wahren Freude gesagt habe: Wenn man die Geschichten von Franziskus erzählt, verändert man sie je nach den Bedürfnissen der Zeit. Das ist nicht unbedingt ein Verrat an der Tradition, sondern kreative Umgestaltung, allerdings auch Bruch und hie und da auch Verfälschung. Die Fioretti (Kap. 26) erzählten eine ganz andere Geschichte als die wesentlich frühere Textsammlung von Perugia (CompPer 115):

– Die Fiorettierzählung ist ein *Lehrstück für einen Guardian,* der mindest in einem Punkt sehr wenig von Franziskus verstanden hat. Dieser hatte ja in seiner Regel geschrieben: „Mag zu ihnen kommen, wer da will: Freund oder Feind, Dieb oder Räuber, sie mögen ihn voll Güte aufnehmen“ (NbReg 7,14). Zu diesem Punkt belehrt Franziskus den Guardian und schickt ihn zur Buße zu den Räubern, um zu zeigen, welche Kraft die Güte hat. Die frühere Erzählung der Textsammlung von Perugia dagegen ist ein *Lehrstück für die franziskanische Gemeinschaft* als ganze: Diese bitten in einer konkreten Frage um Belehrung.

– Die Fioretti wollen es ganz genau wissen: Es handelt sich um drei Raubmörder, also um *drei moralisch verkommene Verbrecher,* die aus verkehrter Gesinnung heraus morden und rauben. Diese kommen einmal – und nur dieses eine Mal – zum Eremitorium der Brüder, um zu betteln. Die Textsammlung dagegen beschreibt *ein soziales Zeitproblem:* In den Wäldern leben viele Menschen, die – offenbar wegen der sozialen Umwälzungen in der Gesellschaft des 13. Jahrhunderts – in der geordneten Welt, in den Städten und Dörfern, keinen Platz mehr finden. Es handelt sich um Opfer der Ökonomie, um arme Bettler, die aus innerer Not heraus stehlen müssen und die öfter auch zur Einsiedelei Monte Casale gehen, um von den Brüdern zu essen zu bekommen.

– Die Fioretti enthalten eine *kategorische Verweigerung der Hilfe und eine lächerliche Beschimpfung der Verbrecher.* Als ob sich Verbrecher davon beeindrucken lassen würden! Solche Menschen betteln doch nicht lange: Sie nehmen sich mit Gewalt, was und so viel sie wollen. Die Textsammlung dagegen schildert eine *Auseinandersetzung innerhalb der Brüderschaft über das richtige Verhalten:* Die einen meinen, daß man Menschen, die von Gewalt und Diebstahl leben, nicht helfen soll, die anderen haben schon oft geholfen, weil sie sahen, daß es demütige – aufgrund des sozialpolitischen Hintergrundes müssen wir vielleicht besser mit „gedemütigt, verachtet" übersetzen – Bettler sind, die aus Not heraus zum Betteln gezwungen sind.

– Die Fioretti berichten *von der wunderbaren Bekehrung der drei Räuber,* ohne dem Weg, der dazu führt, große Aufmerksamkeit zu schenken. Die Textsammlung dagegen beschreibt ausführlich den Weg dazu. Sie zeigt *eine Methodik, die aus dem Gedanken brüderlicher Solidarität heraus* die Bekehrung der Räuber zum Ziele hat. Die einen treten dann auch tatsächlich in den Orden ein, die anderen schließen sich der (franziskanischen) Bußbewegung, dem Dritten Orden, an.

– Die Fioretti erzählen, *wie es nach dieser Bekehrung weitergeht.* Die drei tun Buße, zwei sterben noch vor dem heiligen Franz. Der dritte aber wird zum Vorbild und Zeugen innerhalb der franziskanischen Gemeinschaft: In einer großartigen Vision durchschreitet er die Weite der Welt und die Zeiten (es ist von hundertfünfzig Jahren die Rede), bis er schließlich am Himmelstor von Franziskus als geliebter Bruder empfangen wird. Die Textsammlung dagegen weiß nichts von einer weiteren Geschichte. Sie begnügt sich *allein mit der Bekehrung und dem Weg, der ihr vorausgeht.*

Die Grundsätze der Methode

Franziskus empfiehlt ein schrittweises Vorgehen. Denn man kann „nicht alles auf einmal erreichen“: Man muß das Ziel dosiert, schrittweise, psychologisch einfühlend vermitteln.

Zu diesem selbstverständlichen pädagogischen Grundsatz kommt die Grundhaltung, die in der Geschichte offenbar wird: ein Herz, das sich zeigt, Demut, die sich beugt, Liebe, die die konkrete Tat sucht, die Erkenntnis, daß die Geschwisterlichkeit allein Geschwisterlichkeit bewirkt, ein liebendes Auge, das selbst den Verbrecher noch in seinen positiven Möglichkeiten sieht, die Erkenntnis, daß man selbst schuldig ist, der Wille, nach Gründen eines Fehlverhaltens zu suchen und die Menschen zu „entschuldigen“.

Die Methode selbst

Die Methode selbst wird in *Tagesschritten* gezeichnet, der verschiedene Elemente enthält.

Erster Tagesschritt:

– Man nehme gutes Brot und guten Wein und begebe sich damit in den Wald, wo die armen Bettler hausen;

– Man rufe sie, die Räuber, mit der Anrede an, die auch innerhalb der Bruderschaft üblich ist: Brüder Räuber, kommt zu uns, wir sind eure Brüder und haben gutes Brot und guten Wein;

– Man bedecke, wenn sie kommen, den Boden mit einem Tischtuch und bediene die Räuber demütig und mit Freude;

– Nach dem Essen formuliere man „in der Kraft der Liebe Gottes“ ein erstes Ziel: Die Räuber möchten doch wenigstens die Personen schonen, sie nicht verfolgen, ihnen nichts Böses zufügen.

Franziskus meint, daß einer solchen Bitte, in Demut und Liebe vorgetragen, sofort entsprochen würde.

Zweiter Tagesschritt:

– Man nehme an einem anderen Tag zu Brot und Wein auch Eier und Käse und verhalte sich gleich wie beim ersten Mal;

– Nach dem Essen jedoch soll man hinzufügen: „Warum steht ihr den ganzen Tag einfach herum? Und sterbt vor Hunger und erleidet viel Böses, und ihr selbst wollt und tut viel Böses, weswegen ihr eure Seele verliert, wenn ihr euch nicht bekehrt. Es ist doch besser, Gott zu dienen, er wird euch in dieser Welt geben, was euer Leib nötig hat, und zuletzt wird er auch eure Seelen retten."

Franziskus glaubt, daß Gott einen unmittelbaren Zugang auch zu diesen Menschen hat und daß die Demut und die Liebe der Brüder die Bekehrung zur Folge haben.

Das mag immer noch weltfremd und utopisch klingen, aber die Geschichte ist mir so, wie sie die Textsammlung erzählt, glaubhaft. Auf jeden Fall kommt in ihr ein Gespür für eine psychologisch einfühlsame Methodik zum Vorschein. Eine solche letztlich positive Einschätzung der Menschen und eine solche einfühlende Methodik möchte ich jedem Vater und jeder Mutter, jedem Lehrer und Erzieher, jedem Missionar und Politiker, überhaupt jedem Menschen wünschen, der ein gutes Ziel verfolgt.

XIV

An alle Politiker

Allen, die in der weiten Welt die Macht haben
den Königen und Präsidenten der Völker
den Kanzlern und Ministern
den Parlamentariern und Experten
den Direktoren und Verwaltungsräten
und allen, die diesen Brief lesen
wünscht
Bruder Franziskus
euer kleiner und ungeachteter Diener
Frieden und Heil

Etwas müßt ihr auch in eure
politische Perspektive einbeziehen:
die Gewißheit
daß der Tod auf uns alle zukommt

Darum bitte ich euch
mit aller Ehrfurcht, zu der ich fähig bin
Vergeßt Gott nicht
wenn ihr politisch handelt
Laßt euch von den Geboten Gottes leiten
wenn ihr die Welt gestaltet

Denn alle
die Gott in Vergessenheit sinken lassen
und seine Gebote mißachten
werden von Gott vergessen werden

Und im Augenblick des Todes
fällt alles ins Nichts zurück
was jemand sicher in den Händen zu haben glaubt

Und je mehr Wissen und Macht
jemand anhäuft und gegen andere einsetzt
um so mehr wird er zu leiden haben
in der Hölle

Aus diesem Grund
  meine Herren
gebe ich den Rat:
Das wichtigste Prinzip
  des politischen Handelns
wird greifbar
  im Symbol von Brot und Wein
  in der Erinnerung an den
  heiligen Leib und an das heilige Blut Jesu
  im Empfangen der Liebe, die sich hingibt
  in der Krippe, in der Gott sich
  auf die Seite der Armen und Schwachen schlägt
  im Verhalten, das auf Macht und
  Herrschaft verzichtet

Dies sollt ihr in der Öffentlichkeit zur Geltung bringen
  durch Zeichen, die man sieht und hört
  durch Gesetze und Normen
  durch Strukturen und Institutionen
  durch Beamte und Organe

Eure Absicht soll sein:
  die öffentliche Anerkennung zu fördern
  für Gottes Liebe und Hingabe an die Menschen

Ihm sei Lob und Dank
  nicht nur durch den einzelnen
  sondern durch das ganze Volk
Denn nur im Blick auf ihn können wir
  wahrhaft menschlich leben

Wenn ihr das nicht tut
  werdet ihr Rechenschaft
  ablegen müssen vor dem Gericht Gottes

Wer diesen Brief aufbewahrt
  und befolgt
darf wissen
  von Gott gesegnet zu sein

Franz von Assisi und christliche Politik

Franz von Assisi war nicht nur ein mystischer Mensch, sondern wandte sich auch der „Sache des Volkes“ *(res publica)*, also der Politik, zu. Am deutlichsten wird das in einem Brief, den er allen „Bürgermeistern und Konsuln, Richtern und Statthaltern auf der ganzen Welt“ schrieb und den ich hier in freier und aktualisierender Form übersetze. Ich glaube nicht, daß man noch politischer formulieren kann. Nur muß man das natürlich in heutige Sprachformen gießen.

Der Tod als politische Kategorie

Für Franziskus ist eines klar: Der Tod ist eine unumstößliche Tatsache. Das ist nicht bloß für das Bewußtsein des einzelnen von Bedeutung, sondern muß auch die „Sache des Volkes“, die Politik, innerlich bestimmen. Die Gewißheit des Todes zeigt, wie unsinnig und absurd eine individualistisch ausgerichtete Politik ist.

Das Individuum sieht nur sich selbst. Seine ganze Aufmerksamkeit gilt dem eigenen Ich: Es will mehr haben als andere und darum Besitz anhäufen; es will mehr Einfluß haben als andere und darum möglichst hohe Machtpositionen erklettern; es will mehr gelten als andere und darum möglichst viele Informationen ergattern. Der Tod aber ist das Ende des Individuums und darum auch das Ende von Besitz, Macht und „Weisheit“. Denn nichts von alledem berührt das, was bleibt: die Person. Und Person heißt Beziehung, Liebe, Hingabe, Gemeinschaft und Partizipation. Der Tod allein ist es, der unterscheidet zwischen dem, was vergeht (Individuum), und dem, was bleibt (Person). Erst vom Tode her wird demnach die „Sache des ganzen Volkes“ möglich. Ohne den Blick auf den Tod wird Politik zur Sache einiger weniger, wird Interessen- und Filzpolitik. Ganz schlicht deswegen, weil ohne die Realität des Todes der Zuwachs an Besitz,

Macht und Wissen einen absoluten, göttlichen Sinn bekommt.

Christliche Politik ist eine Politik angesichts des Todes.

Gott als politische Kategorie

Bereits in der Realität des Todes wird ein Moment der Transzendenz sichtbar: Der Mensch übersteigt seine biologische Gestalt; das Individuum geht zwar im Tod zugrunde, aber die Person überdauert ihn.

Letztlich ist es Gott, der den Menschen zur Person macht, zu einem beseelten, lebendigen Wesen, das auch im Tod noch seine Auferstehung feiern kann. Es gibt Größeres und Schöneres, als individuellen Zuwachs an Besitz, Macht und Wissen zu erstreben und innerhalb dieser Welt zu realisieren, eben das, was wir mit dem Wort „Gott“ zum Ausdruck bringen.

Nun gibt es aber für Franz von Assisi eine schreckliche Möglichkeit: Der Politiker kann Gott vergessen. Er kann zwar „Gott“ im Munde führen, aber in seinem Handeln atheistisch sein, eben gottvergessen. Er nennt sich zwar christlich, aber er rechnet nicht eigentlich mit Gott.

Von der anderen, ebenso schrecklichen Möglichkeit spricht Franziskus nicht: Der Politiker kann Gott für sich vereinnahmen und sich als verlängerten Arm Gottes verstehen. Man nennt das Theokratie, ein System, in dem Gott scheinbar höchstpersönlich der Herrscher ist. Die Anhäufung von Besitz, die Gier nach Macht und der Schein des Wissens feiert darin erst recht Triumphe.

Zwischen Gottvergessen und Gottvereinnahmen liegt die eigentliche christliche Auffassung: Gott ist der ganz Andere. Er übersteigt alles, was ist, ins Unendliche, Unfaßbare. Ihm steht der Mensch, auch der Politiker, empfangend gegenüber. Mit ihm muß man rechnen im Handeln und Planen. Da liegen die Lösungen nicht einfach auf der Hand, auch nicht als göttliche Rezepte. Da muß man ringen um das Vorläufige, um das Ewige nicht zu verlieren. Da muß man kämpfen um diese Welt, weil sie in ihrer Transzendenz Bestand hat. Denn nichts, was an göttlicher Transzendenz, an Liebe und Leben hier auf Erden realisiert wird, geht im Himmel verloren.

Noch etwas: Als Christen sind wir überzeugt, daß Gott Mensch geworden ist. Das heißt: Wir reden nicht einfach vage von Transzendenz, wir reden sehr konkret von Gott, von einem Menschen, der sich als Sohn Gottes erwiesen hat: Jesus von Nazaret. In seinem Handeln, in seinem Leben, in seinem Wort, ja auch in seinem Tod wird deutlich, wie man „die Sache des Volkes" verstehen soll und wie sich darin die göttliche Dimension zu erkennen gibt.

Wir müssen darum die Geschichten lesen, die von ihm erzählt werden, und das Brot essen, das für eine christliche Politik darin aufgetischt ist: die bedingungslose Vergebung, das voraussetzungslose Angebot der Gnade, die Parteinahme für das Kind, die Frau, die Kleinen und Schwachen, die Armen und Kranken, die völlige Identifizierung mit den Fremden, Obdachlosen, Verängstigten, mit den Opfern und den Ermordeten. Es ist nicht zufällig, daß Franziskus dem Politiker die Kommunion empfiehlt, weil er überzeugt ist, daß Kommunion das Insichhineinessen der Liebe Jesu ist, das Zusichnehmen von allem, „was er für uns gesprochen, getan und erduldet hat" (ErklVat 6).

Christliche Politik wird sich also darin zeigen, ob sie vom Gedanken der Transzendenz beflügelt ist und ob sie diese Transzendenz im irdischen Leben Jesu als verbindliche Vorgabe anerkennt.

Symbolische Verwirklichung des Christlichen

Christliche Politik ist nicht einfach eine Sache des Herzens. Sie muß auch im Gegenständlichen sichtbar werden: in Inhalten, Methoden, Strukturen.

Ich möchte nochmals betonen, daß die Probleme dieser Welt nicht einfach mit der Bibel in der Hand zu lösen sind. Die Bibel ist kein Rezeptbuch. Man muß um die konkrete

Lösung der Probleme ringen, man muß sich um die Sache bemühen, mit Sachverstand und argumentativer Kraft herausfinden, was die Sache des ganzen Volkes ist. Und man wird nur gemeinsam das große Werk an die Hand nehmen können.

Dennoch muß das Bemühen des christlichen Politikers darin bestehen, das Lebensprogramm Jesu zu seinem eigenen zu machen: Er muß das Reich Gottes verwirklichen, die Transzendenz inmitten der irdischen Wirklichkeiten. Er muß durch Gesetze und Strukturen – wenigstens symbolisch – verwirklichen, was mit Reich Gottes gemeint ist.

Mir kommen jetzt aus der Lebensgeschichte des heiligen Franz eine Reihe von symbolischen Verwirklichungen des Christlichen in den Sinn. Nach unserem Brief sollten die Regierungen gesetzlich verordnen, daß ein Bote oder ein Zeichen auf die sakramentale Gegenwart Gottes aufmerksam mache. Seit seiner Menschwerdung ist Gott ein innerweltlicher Faktor, der in Rechnung zu stellen ist. In welchem Sinn das gemeint sein könnte, zeigt eine andere Anregung: Der Kaiser sollte ein Gesetz erlassen, daß man an Weihnachten alle Armen speist, alle Tiere nährt und selbst die Wände mit Blut bestreicht. Die menschenfreundliche, weltzugewandte, nichts und niemanden ausschließende Liebe Gottes muß sich in entsprechenden Gesetzen niederschlagen. Das Ziel einer solchen Politik wird greifbar in einer anderen symbolischen Verwirklichung, im Sonnengesang, mit dem Franziskus die Brüder in die Konfliktfelder der damaligen Welt schickte. Es müssen Lieder gesungen, Texte geschrieben, Anliegen zur Sprache gebracht und friedliche Strategien entwickelt werden.

Diese Symbole stehen hier für viele andere. Es geht darum, daß das Reich Gottes nicht nur in den Herzen, sondern auch in der Gesellschaft erfahrbar wird. Ich nenne das symbolische Verwirklichung, um anzudeuten, daß das Reich Gottes immer noch etwas ganz anderes bleibt und daß die einzelnen Menschen auch dann noch vor die Entscheidung gestellt sind. Ob sie den menschgewordenen Gott mitten in der Welt wahrnehmen, ob sie die Liebe Gottes zum Maß nehmen, ob sie sich in den Frieden mitreißen lassen, ist damit noch lange nicht gesagt. Und noch so viele Symbole sind immer noch nicht das ganze Reich Gottes.

Christliche Politik wird symbolisch greifbar machen, was mit Reich Gottes gemeint ist.

Die „C-Parteien"

Wenn ich die sog. „C-Parteien" an diesen Aussagen messe, dann kann ich eigentlich wenig Christliches an ihnen entdekken.

Viel zu sehr sind sie orientiert an den Werten des Individualismus, an Besitz und Kapital, an Macht und Militär, an einer bestimmten Wissenschaft und Technik. Der Blick auf den Tod hat noch nicht stattgefunden, die personalen Werte sind darum kaum erkannt. Viel zu wenig wird die Sache des ganzen Volkes ins Auge gefaßt: Statt solidarisch zu teilen mit allen, klammert man bewußt einen Fünftel oder sogar einen Viertel von Mitbürgern vom Wohlstandskuchen aus; statt sozialen folgt man liberalen Vorbildern; statt Verantwortung zu übernehmen durch konkrete Maßnahmen, vertraut man dem ökonomischen Prinzip der Selbstregulierung (Fehler werden durch das freie Kräftespiel automatisch wiedergutgemacht!) . . .

Die christlichen Parteien orientieren sich auch nicht so sehr an Jesus von Nazaret, sondern an den bürgerlichen Errungenschaften. Sie sind wesentlich konservativ, wie die Geschichte dieser Parteien zeigt (in der Schweiz hieß die Partei denn auch „katholisch-konservativ", und auch heute noch nennen sich viele Anhänger „die Konservativen". Sie wollen das Erreichte bewahren und den „Neuerungen" widerstehen. Für eine weltweite Friedenspolitik (Abrüstung), für weltweite Gerechtigkeit (gerechte Zollbedingungen), für ökologische Lösungen, für Menschlichkeit nach innen und außen (Fremde, Asylanten, Banken, Südafrika, Waffenhandel . . .) usw. gibt es da, wenn überhaupt, nur zaghafte Ansätze. Nicht verwunderlich, daß sich zwischen den Kirchen und diesen Parteien eine immer größere Kluft auftut.

Für eine christliche Politik – das dürfte unterdessen deutlich geworden sein – gäbe es ganz andere Vorbilder als die, denen die „C-Parteien“ folgen: Thomas Morus zum Beispiel oder eben, in Ansätzen, Franz von Assisi.

Unrecht und Versöhnung

1. In persönlichen und sozialen *Unrechtsituationen* rufen Vertreter der Kirche immer wieder zur *Versöhnung* auf, und staatliche Instanzen verordnen Versöhnung durch allgemeine *Amnestiegesetze.* So sollen in Argentinien und Uruguay im Namen nationaler Versöhnung massive Menschenrechtsverletzungen (Folter, Mord, Verschwindenlassen von Familienangehörigen) straflos bleiben. Und auch der Papst predigt auf seinen Reisen immer wieder Versöhnung und Vergebung.

2. Nun wird der Theologe, der sich auf das biblische Fundament abstützt, *Versöhnung und Vergebung als Ziel auch gesellschaftlicher Konfliktlösungen* mit aller Kraft unterstützen. Denn tatsächlich verkündet Jesus von Nazaret eine neue Wirklichkeit, das *Reich Gottes, in dem alle Gegensätze miteinander ausgesöhnt sind* und in dem sich das Wunder allumfassender Versöhnung ereignet. Als franziskanischer Theologe, dem „Pax et Bonum“, Friede und Wohlbefinden, alltäglicher Wunsch und Gruß ist, möchte ich solchen Zielvorstellungen den Weg öffnen.

3. Gerade deshalb ist es wichtig, nicht einfach das Ziel zu verkünden, sondern auch *die Bedingungen* zu benennen, unter denen sich Versöhnung ereignen kann. Noch so hehre Ziele werden sich ins Gegenteil verwandeln, wenn der Weg nicht erkennbar wird, der dazu führt.

4. Zunächst erscheint es wichtig, darauf hinzuweisen, daß Versöhnung nicht zuerst eine menschliche Leistung, sondern eine *bestimmte Gotteserfahrung* beinhaltet. Versöhnung ist nicht in erster Linie moralisch geforderte Tat, sondern Ereignis voraussetzungsloser Zuwendung Gottes. Zachäus, der Politverbrecher, erlebt das Unerhörte und Unverdiente. In seiner selbstverschuldeten Beziehungslosigkeit und öffentlichen Exkommunikation – denn schließlich ist er Ausbeuter des eigenen Volkes im Dienste einer Besatzungsmacht! – erfährt er, wie sich Jesus zu ihm in Beziehung setzt: hört seinen Namen rufen, erhält Besuch, kostet Nähe und Tischgemeinschaft und fühlt sich grundsätzlich angenommen, heil, versöhnt. Und so kann er als Frucht der Versöhnung wiedergutmachen, was er an Unrecht begangen hat (Lk 19,1–10). In dieser Geschichte ist die Grundaussage des gesamten Neuen Testamentes greifbar: Jesus setzt sich im Namen und in der Kraft Gottes zum Schuldiggewordenen in Beziehung und zwar so menschlich nah und so konkret erlebbar, daß darin Gottes schöpferische Liebe und Versöhnung selbst zum Durchbruch kommen. So sehr nun dies in jeder wirklich gelebten Nähe geschieht, so sehr ist auf die Person zu achten, die sich in unserer Geschichte in Beziehung setzt: Jesus von Nazaret, den wir als den Sohn Gottes glauben. Für ihn ist das versöhnende Sichinbeziehungsetzen nicht ein von außen an ihn herangetragenes Postulat, sondern Ausdruck seines innersten Wesens.

5. Was von Jesus gilt, trifft nicht ohne weiteres auf die Christen bzw. ganz allgemein auf die Menschen zu. Zwar haben wir in der versöhnenden Begegnung Jesu mit Zachäus eine allgemein gültige Grundstruktur: Wo immer ein Mensch sich liebend in Beziehung setzt, bricht die neue Welt Gottes auf: Versöhnung und Vergebung. Doch ist die Liebe ein spontaner Ausdruck des Herzens, eine Sprache, die nur dem möglich ist, dem sie geschenkt ist, nicht aber etwas, was man sich gegen sein eigenes Inneres willentlich abverlangen kann. Wir sind doch zu allermeist Menschen, die selbst noch der Versöhnung bedürfen. *Nur als versöhnte Menschen kön-*

nen wir Versöhnung bringen. Das Versöhntsein ist also nicht als Selbstverständlichkeit vorauszusetzen, sondern als Prozeß zu begreifen, für den es unter Umständen sehr viel Zeit braucht. *Wir müssen darum uns selbst und anderen Zeit lassen.* Wer etwas von diesem Prozeßcharakter des Versöhntseins mit sich und mit Gott weiß, wird darum sehr diskret, wenn überhaupt, mit moralischen Postulaten umgehen. Wer von außen, als nicht beteiligte Person, Versöhnung fordert oder Amnestie dekretiert, reißt unter Umständen nur neue Wunden auf. Behutsamkeit und Verständnis für die vorhandenen Wunden sind Aspekte, die bei einem Versöhnungsversuch von Drittpersonen bzw. bei allgemeinen Amnestievorhaben beachtet werden müssen.

6. *Versöhnung kann nur stattfinden als personale Zuwendung, als persönliche Vergebung persönlich begangenen Unrechts* (vgl. die Geschichte von Zachäus). Sie geschieht nicht im Abstrakten und Anonymen, sondern konkret und in der Helle des Tages. Versöhnung kann sich darum nur ereignen, wenn die geschlagenen Wunden offen daliegen und wenn die *ganze Wahrheit aufgedeckt wird.* Begangenes Unrecht darf nicht zugedeckt, sondern muß beim Namen genannt werden. Solange das nicht geschieht, dauert das Unrecht an. So sehr Versöhnung und Vergebung von Christus her voraussetzungs- und bedingungslos ist – die Menschen, die davon betroffen sind, müssen ihr Antlitz zeigen, zu ihrer eigenen Wahrheit stehen und sich auf Versöhnung hin loslassen.

7. Ebenso verlangt Versöhnung eine *grundlegende Lösung der Probleme,* die zum Unrecht geführt haben. Darum wird man immer auch eine genaue Analyse der konkreten Situation vornehmen und die entsprechenden Mittel (Gesetze, Institutionen, Gelder ...) bereitstellen müssen, um gerechtere Beziehungen der Menschen untereinander zu garantieren.

8. In einer christlich bestimmten Aktionsgruppe ist überdies das ständige Gebet um Frieden und Versöhnung Bedürfnis und Notwendigkeit. Denn das *Gebet* garantiert die Offenheit gegenüber den ungeahnten Möglichkeiten, die in

den konkreten Situationen und Beziehungen geborgen sind. Ohne Gebet besteht die Gefahr, daß man sich und seine Vorstellungen absolut setzt und sich ein- für allemal festlegt. Dies aber ist einem allumfassenden Befriedungsprozeß hinderlich.

9. Allerdings dürfen Christen nicht dem Irrtum verfallen, daß das Gebet die *Tat* ersetzt. Selbst *Amnestievorhaben* können und sollen unterstützt werden, sofern sie den obigen Bedingungen entsprechen. Dies bedingt aber, daß Amnestie, wenn denn dadurch Versöhnung geschehen soll, durch einen alle Schichten und Klassen einbeziehenden demokratischen Prozeß angestrebt und erreicht wird, durch ein von unten kommendes und allmählich voranschreitendes Bemühen, nicht aber durch einen von einer einzelnen Person oder Personengruppe dekretierter Vorgang. Ziel des genannten demokratischen Vorgangs ist eine Gesellschaft, in der Gnade und Vergebung, nicht aber Rache und Strafe das Zusammenleben der Menschen bestimmen.

XV

Brichst Du mit mir das Brot?

Liebe junge Menschen,

1. Am liebsten würde ich euch heute auf französisch ansprechen. Denn im Französischen gibt es ein Wort, das gut zum heutigen Thema paßt. Und es paßt auch zu meiner Einstellung, die ich heute zu euch habe.

Dieses Wort heißt „copain". Man sagt es einem, der einem sehr nahesteht, so nahe wie das Brot, das man jeden Tag ißt. Man sagt es von dem, mit dem man ein Wegstück geht, mit dem man die täglichen Sorgen und Nöte teilt. Man sagt es von dem, der gewissermaßen am gleichen Tisch sitzt und mit dem man das Brot teilt, das darauf liegt.

Dieses Wort kommt vom Lateinischen, wie übrigens auch das Wort „Kumpan", das man in unserer Sprache gelegentlich hört: „con-panis". Und das heißt: „Mit-Brot".

2. Ich bin Kapuziner und bin es gern, bin Mitglied jener großen Familie, die sich auf Franz von Assisi zurückführt, der vor 800 Jahren gelebt hat. Ich beschäftige mich täglich mit seiner Lebensgeschichte, seinen Regeln, Briefen, Gebeten. Und je länger ich das tue, um so mehr geht mir auf: Das ist ein Mann auch für heute:

Franziskus zeigt mir, daß das Evangelium Fleisch und Blut ist, ganz konkret und greifbar wie ein Mensch. Er zeigt mir, daß Christus weiterlebt in der Geschichte der Menschen und daß auch wir heute von Christus ganz und gar ergriffen und bewohnt werden können. Franziskus zeigt mir, wie man menschlich mit den Menschen umgeht, wie man die Armen als Brüder und Schwestern liebt, wie man selbst den Stein

„Bruder“ und auch die Erde „Schwester“ nennen kann, wie man mit der ganzen Schöpfung und mit allen Menschen den Frieden sucht.

Ich habe also durch Franziskus das Evangelium besser kennengelernt und auch mich selbst. So gehe ich mit ihm um wie mit einem Freund. Er ist mein „co-pain“, einer, der mit mir das Brot teilt, das Leben, und ich bin fest überzeugt, daß Christus dabei ist mit Haut und mit Haar.

3. Vielleicht fragt ihr euch, was denn dieses „co-pain“ jetzt wieder soll. Ich möchte damit hervorheben, daß für mich das Brot etwas ganz Großes ist. Brot ist für mich etwas, an dem die Zukunft der Menschen hängt. Brot ist das Symbol für alles, was ich glaube, erhoffe und liebe. Und davon möchte ich euch ein wenig erzählen.

4. Franz von Assisi hatte eine Freundin. Ihr Name läßt mich fast zum Dichter werden. Ich kann verstehen, warum sie Franziskus so gerne hatte. Sie heißt Jakoba, so wie einer jener Männer, die links und rechts von Jesus sitzen wollten, gewiß nicht nur, um immer ganz nahe beim Herzen Jesu zu sein, sondern auch, weil sie bevorzugt sein wollten. Aber für heute ist mir wichtig: Jakoba wollte Franziskus ganz nahe sein. Nach dem Landsitz, auf dem sie wohnte, nannte man sie auch „de Settesoli“, „von den sieben Sonnen“. Muß das ein Paradies gewesen sein! Ich kann verstehen, daß Franziskus da sehr gern aus- und eingegangen ist. Doch am schönsten ist ihr Familienname: *„Frangipani“*, „Brich das Brot“. Ist das nicht wie frisches Wasser, wie das Evangelium selbst?

Die Familie heißt so, weil ein Mitglied der Familie die Stadt Rom einmal gerettet hat, als eine Hungersnot ausbrach: Flavius Anicius heißt der Mann. Er war ein echter „co-pain“: Er hat sein Brot ausgeteilt und viele vom Hungertod gerettet. Ich glaube, daß man dazu den Satz aus dem Evangelium zitieren muß: „Und sie erkannten Jesus am Brotbrechen“ (Lk 24,35). Da war Jesus dabei. Denn wo man „co-pain“ ist, wo man das Brot miteinander bricht, da ist Jesus dabei, und da ist Gott ganz und gar da. Darum klingt der Name der Freundin des hl. Franz wie das reine Evangelium selbst.

Ich möchte heißen wie sie: Frangipani. Und ich möchte, daß ihr alle Frangipani heißen würdet und daß es in der Welt immer mehr Frangipani gibt. Denn in dem Maße, wie es solche Männer und Frauen gibt, in dem Maße haben wir in dieser Welt eine Zukunft.

5. Jakoba Frangipani de Settesoli besuchte Franziskus am Sterbebett. Und sie vergaß nicht, jenen Kuchen mitzubringen, von dem sie wußte, daß Franziskus ihn überaus gerne aß. Franziskus hatte eine große Freude, als er die Freundin sah, mit dem *Mandelhonigkuchen* in der Hand. Eine Frangipani macht ihrem Namen Ehre. Sie eilt zu einem Menschen, der im Sterben liegt, und gibt das Brot, das sie mit ihrem Herzensblut gebacken hat.

Auch hier muß ich das Wort zitieren: „Und sie erkannten ihn am Brotbrechen." Da war Jesus dabei. Denn wo jemand wie Jakoba sich als „co-pain" erweist, wo jemand auf einen Sterbenden zugeht, mit der ganzen Aufmerksamkeit und Zärtlichkeit, zu der er oder sie fähig ist, da ist Jesus dabei, da ist Gott ganz und gar da.

Ich möchte einen solchen Mandelhonigkuchen in den Händen haben, wenn ich einen Kranken besuche oder einen Sterbenden, und ich möchte, daß ihr alle mit einer solchen Köstlichkeit in den Händen im Leben eines Menschen auftaucht, der sich in der schwersten Stunde seines Lebens befindet. Und je mehr solche Männer und Frauen es gibt, um so größer wird die Hoffnung der Welt.

6. Als der hl. Franziskus die *letzten Minuten* seines Lebens zerrinnen sah, ließ er alle Brüder, die gerade im Hause waren, zu sich kommen. Er wollte jeden einzelnen noch einmal sehen. Er wollte ihnen zeigen, daß er sie bis zuletzt in sein Herz geschlossen hat. So wie das ja auch Jesus getan hatte, am Abend vor seinem Tod am Kreuz. Franziskus ließ ein Brot herbeiholen. Doch er war zu schwach: er konnte das

Brot nicht einmal in die Hände nehmen, geschweige denn es brechen. So bat er einen Bruder, daß er das Brot breche. Jeder einzelne bekam ein Stück davon, und alle aßen mit Franziskus und waren eine einzige Familie. Franz war bis zum Tod ein „co-pain", und die Brüder waren es ihm bis zu seinem letzten Atemzug.

Wieder möchte ich das Evangelium in den Mund nehmen und sagen: „Und sie erkannten ihn am Brotbrechen." Da war Jesus dabei. Denn da, wo einer angesichts des Todes noch sein Brot teilt mit den anderen, da ist Jesus dabei, da ist Gott ganz und gar da.

Ich möchte, daß ich bis zum letzten Atemzug denen nahe sein kann, die zu mir gehören, und ich hoffe, daß mich weder Schwäche noch anderes davon abhalten kann. Und ich möchte, daß auch ihr alle das könnt. Und je mehr solche Männer und Frauen es gibt, um so froher dürfen wir in die Zukunft blicken.

7. Im Sterben und im Leben war Franz von Assisi den anderen ein „co-pain". Einmal, es war am Anfang des Minderbrüderordens, hatten er und seine Brüder ein strenges *Fasten* vorgenommen. Da geschah es, daß eines Nachts ein Bruder vor Hunger laut aufschrie. Er wollte sterben. Als Franziskus den Bruder schreien hörte, stand er auf, weckte alle anderen Brüder. Der Tisch wurde gedeckt mit allem, was gerade verfügbar war. Franziskus war der erste, der aß, um den schwachen Bruder nicht zu beschämen. Und so entstand ein großes Fest der Brüderlichkeit.

Noch einmal will ich das Evangelium zitieren: „Sie erkannten Jesus am Brotbrechen." Da war Jesus dabei. Denn wenn man das zurücksteckt, was man sich vorgenommen hat, wenn man zur Schwäche des anderen hinuntersteigt und schwach mit dem Schwachen wird, wenn man die eigene Sturheit aufgibt und selbst heilige Ordnungen wegwischt, um dem anderen den Tisch zu decken und mit ihm zu essen, dann ist Jesus dabei, dann ist Gott ganz und gar da.

Ich möchte, daß mir der Bruder und die Schwester wichtiger sind als alle Gesetze und Ordnungen, als alle heiligen Zeiten und Institutionen. Und ich möchte, daß auch ihr so denken und handeln könnt. Denn je mehr Frauen und Männer es gibt, die aus dem Holz des hl. Franz geschnitzt sind, um so mehr dürfen wir wieder zuversichtlich in die Zukunft blicken.

8. Ich könnte noch viele solcher Geschichten erzählen, in denen sich Franziskus als „co-pain“ gezeigt hat und in denen man Jesus am Brotbrechen erkennt. Franziskus war aber nicht nur denen nahe, die mit ihm im gleichen Orden zusammenlebten. Er teilte sein Brot mit den Armen, mit den Aussätzigen, mit den Bettlern am Weg. Das war geradezu der Sinn seines Lebens: aus der *gleichen Schüssel* essen wie die Armen, das Kleid teilen und das Werkzeug oder die Heilige Schrift, aber nicht nur das, sondern auch das Leben, das Schicksal. Er verließ die Stadt, die nichts anderes mehr kennen wollte als Geld und Geltung. Er wandte sich den Aussätzigen zu. Er wohnte mit ihnen im gleichen Haus. Er wurde zu einem echten „co-pain“ von allen, die am Rande standen. Ja, er träumte vom „Tisch des Herrn“, das heißt davon, daß alle Kleinen, Geringen, Armen, Verachteten sich zusammenfinden an einem einzigen Tisch, wo Gott der Gastgeber der Armen ist.

Und im Blick auf dieses Leben möchte ich wiederum das Evangelium zitieren: „Sie erkannten ihn am Brotbrechen.“ Da war Jesus dabei, in diesem Leben. Denn wo einer so radikal und entschieden wie Franziskus das Leben mit den Armen teilt, da ist Jesus dabei, da ist Gott ganz und gar da.

Ich möchte, daß ich ein Auge habe für die Armen heute und daß ich bereit bin, nicht nur etwas von mir zu geben, sondern mich selbst. Ja, ich möchte, daß die Beziehungslosen, die Verzweifelten, alle, die den Sinn ihres Lebens nicht sehen, die Drogenabhängigen, die Ausgeflippten, die Hungrigen, daß alle Armen hier und in der Welt spüren, daß jemand mit ihnen denkt, fühlt, betet, handelt. Und ich möchte, daß ihr alle bereit seid, echte Opferbereitschaft und Solidarität mit den Armen zu leben. Denn je mehr Frauen und Männer es gibt, die alles auf die Karte der Armen setzen, um so mehr Hoffnung besteht für das Überleben der Menschheit.

9. Für den hl. Franz war klar: *Wer Christ sein will, muß sich zum „co-pain" der Armen machen.* Deshalb hatte er eine besondere Beziehung zum *Weihnachtsfest.* Er erkannte, daß Jesus sozusagen am Straßenrand geboren wurde, wie ein Flüchtling oder Vertriebener. Er erkannte, daß die erste Stelle, die Jesus auf dieser Erde berührte, ein Futtertrog war und nicht ein weiches Bett, ein stinkiger Stall; ganz und gar unhygienisch wurde er zwischen Ochs und Esel gelegt. Und Franziskus erkannte, daß Jesus schon von Geburt an auf der Seite derer stand, für die in der Herberge kein Platz war. Und er erkannte, daß dieser Jesus starb, wie er geboren wurde: draußen vor der Stadt, gewaltsam hinausgedrängt. Ja, Franziskus erkannte, daß Gott sich selbst zum „co-pain" der Armen machte in diesem Leben Jesu, so sehr, daß er deswegen ermordet wurde.

Hier gilt im besonderen Maße: Man erkennt Jesus am Brotbrechen, also daran, daß er den Armen dieser Welt alles ist. Wenn also jemand so wie Franziskus Jesus nachfolgt, dann ist Jesus selbst dabei, dann ist Gott ganz und gar da.

Ich möchte, daß ich so entschieden und so eindeutig Christ bin wie Franziskus. Und ich möchte, daß ihr alle das Gleiche sucht und erstrebt. Denn je mehr Frauen und Männer es gibt, die die Schuhe Jesu anziehen und zu den Armen gehen, um so mehr können die Armen dieser Welt aufatmen und das Lied der Hoffnung singen.

10. Wenn man mich heute fragen würde, was ich unter „Kirche" verstehe, ich würde nicht zögern und sagen: Die *Kirche* ist die Gemeinschaft jener Menschen, die sich als *„copains"* verstehen wollen, als Menschen, die bereit sind, anderen nahe zu sein wie das Brot, das am Morgen auf dem Tisch steht. Die Kirche, das ist die Gemeinschaft derer, die miteinander das Brot teilen das Leben, die Fragen und die Zweifel,

die Freude und die Tränen. Die Kirche, das ist jene Gemeinschaft, die mit der ganzen Welt teilen möchte, die es nicht dulden kann, daß andere nicht am gleichen Tisch sitzen, um ihren Hunger zu stillen. Die Kirche, das ist die Gemeinschaft derer, die glauben, daß Gott alle Menschen, ob schwarz oder weiß, ob hoch oder niedrig, ob arm oder reich, an einen festlich gedeckten Tisch lädt und die wissen, daß sie jetzt schon dafür sorgen müssen, daß keiner von der Tischgemeinschaft ausgeschlossen ist. Nur dann, wenn die Kirche eine Gemeinschaft des Brotbrechens ist, eine Tischgemeinschaft, nur dann ist sie Kirche.

Denn anders als am Brotbrechen können wir Jesus nicht erkennen, nur so ist er dabei, und nur so ist Gott ganz und gar da.

Ich möchte, daß ich das immer mehr begreife, daß wir Christen eine einzige Familie sind, Menschen, die für einander Brot sind, Menschen, die gewillt sind, daß alle etwas zu essen und zu trinken haben, etwas zu glauben, zu hoffen und zu lieben, etwas zum Jubeln und zum Singen. Und ich wünsche, daß ihr alle dazugehört. Je mehr Frauen und Männer eine solche Auffassung von Kirche haben, um so mehr kann die Welt daran glauben, daß es einen Gott gibt und eine Zukunft für alle Völker.

11. Vielleicht versteht ihr jetzt, warum die *Eucharistie* die eigentliche Mitte der Kirche ist. In der Messe, im Teilen des Brotes und des Weines, im festlichen Zusammensein am Sonntag, ist die Kirche, was sie wirklich ist: Tischgemeinschaft, eine Familie von „co-pains". Hier verdichtet sich, was wir sind und sein sollen. Nur: Leider wissen wir das oft nicht mehr, leider erfahren wir es so oft nicht. Wir müssen uns schon wieder vor Augen führen, daß einer der vielen Namen, welche die Messe hatte, „Brotbrechen" war. Ja, „Brotbrechen", dieses Wort, das ich jetzt in jedem Abschnitt meines Vortrages erwähnt habe. Schade, daß wir das vergessen haben. Denn nur wenn wirklich das Brot gebrochen wird, nur wenn wir wirklich einander nahe sind wie das Brot, nur

wenn wir Brüder und Schwestern sind, „co-pains“ untereinander und für die ganze Welt, können wir Jesus erkennen, nur dann können wir erfahren, daß Gott ganz und gar da ist.

Ich möchte darum, daß ich ein guter Christ bin und ein Priester, dessen höchste Aufgabe es ist, Eucharistie, Messe, als Brotbrechen erfahrbar zu machen. Und ich möchte, daß ihr alle das erfahren könnt und auch dazu beitragt, daß überall in unseren Gemeinden lebendige und festliche Tischgemeinschaften entstehen. Je lebendiger und festlicher, je mehr der Geist des Teilens in der sonntäglichen Eucharistie um sich greift, um so mehr können wir hoffen auf eine große Zukunft, und mit uns kann die ganze Welt hoffen.

12. Vielleicht zweifelt ihr, ob diese Sicht von Kirche und Messe die richtige ist. Denn eure *Erfahrung mit Kirche und Messe* ist vielfach eine ganz andere, und auch die Worte, welche Priester oft brauchen, um Kirche und Messe zu beschreiben, klingen oft anders.

Aber schauen wir doch auf jenen Abend vor dem Tag, als man Jesus ermordet hat. Dort versammelte Jesus seine Freunde um einen Tisch. Und er nahm Brot, brach es und teilte es seinen Jüngern. Und er nahm Wein und gab ihn seinen Jüngern zu trinken. Und dann sagte er ausdrücklich: Diese Tischgemeinschaft ist der Neue Bund, und ebenso ausdrücklich fügte er hinzu: Man solle sich immer wieder zu einer solchen Tischgemeinschaft versammeln, er, Jesus, werde dabeisein und Gott ganz und gar da. So ist denn Kirche der Neue Bund, ein verschworener Bund von Männern und Frauen, die sich als „co-pains“ verstehen wollen oder doch sich so verstehen sollten. Und so entsteht denn die Kirche immer wieder vom Brotbrechen her, von der Tischgemeinschaft her, die man jeden Sonntag erlebt. Kirche und Eucharistie gehören zusammen, weil man Jesus nur am Brotbrechen erkennt und erfährt und weil nur so Gott ganz und gar da ist.

Ich möchte, daß ich noch mehr, als ich es jetzt schon tue, diese Einheit von Kirche, Eucharistie, Jesus und Gott entdecke und erlebe. Und ich möchte, daß auch ihr diese Einheit sucht, spürt und mit Freude besingt. Je mehr Männer und Frauen es gibt, die nicht nur äußerlich zur Kirche gehören, und je mehr die Kirche wird, was sie sein soll, um so mehr kann die Welt wieder sehen, daß sie einem großen Fest entgegengeht.

13. Ich habe noch nicht alles gesagt, was ich sagen muß. Diese Tischgemeinschaft ist ganz und gar von *Jesus* geprägt. Gewiß, jeder von uns ist für den anderen „co-pain“ – er sollte es wenigsten sein, und gewiß: die ganze Kirche sollte untereinander im Geist des Teilens verbunden sein und ebenso mit der ganzen Welt. Doch auf ganz andere Weise ist Jesus „co-pain“, er ist es auf eine Weise, die nur ihm allein zukommt: Er ist das Brot, das vom Himmel kommt, das Brot, von dem die Welt lebt. Er ist das Brot, das auf dem Tisch liegt: Er selbst, der im Leben und im Sterben da war für die Armen, Kranken, Schuldiggewordenen, für einen jeden Menschen. Er hat sich im Leben und im Sterben zerteilen und zerbrechen lassen für alle, die zu ihm kamen. Er hat sich im Leben und im Sterben hingegeben in Liebe und Freundschaft für euch und für alle Menschen dieser Welt.

So sind denn alle beschenkt, wenn sie sich als Tischgemeinschaft verstehen. Noch einmal muß ich das Wort zitieren: „Sie erkannten ihn am Brotbrechen.“ Das Wort bekommt hier einen neuen Sinn: Man erfährt, wie Jesus sich im Leben und im Sterben verschenkt, bis auf unsere Tage. Man erlebt: Jesus ist nicht nur äußerlich dabei, sondern mit seiner ganzen Hingabe, mit dem Leib, der zerbrach, und mit dem Blut, das vergossen wurde, damit wir leben.

Ich möchte, daß ich immer lebendiger werde in der Begegnung mit Jesus, daß ich ein Leben finde, das stärker ist als der Tod, wenn ich das Brot esse, das Jesus ist, daß ich bis in die Fingerspitzen und bis in jede Pore meiner Haut hinein lebendig bin, weil ich das Brot esse, das jeden Tod überwindet. Und ich möchte, daß auch ihr alle die Müdigkeit und die Hoffnungslosigkeit verliert und lebendig werdet an Seele,

Geist und Leib. Je mehr Männer und Frauen es gibt, die vom Leben erfüllt sind und den Tod überwunden haben, um so mehr besteht Hoffnung für die Welt.

14. Ich komme zum Schluß: Am Anfang habe ich gesagt, daß ich das Brot für etwas Großes halte, weil die Zukunft der Welt daran hängt. Vielleicht versteht ihr das jetzt besser. Es ist wirklich so: Wenn ich die Welt anschaue so, wie sie ist, dann habe ich sehr wenig Hoffnung. Denn die Welt ist voll von Egoismus: Jeder hat seine Interessen und sucht sie durchzusetzen. Die Reichen wollen ihren Wohlstand behalten und übersehen die Armut der Armen. Die Wirtschaft will nur produzieren und fragt nicht, was dem Wohl des Menschen nützlich ist und was unsere Erde ertragen kann. Die Parteien schauen mehr auf Wählerstimmen statt auf das Wohl des Landes. Die Politiker sind auf Macht bedacht statt auf Liebe. Ost und West trieben die Feindschaft auf die Spitze, waren vom Mißtrauen gegeneinander bestimmt, statt daß sie mit Phantasie und schöpferischer Kraft neue Wege suchten. (Wenigstens dies hat sich inzwischen geändert, und Gorbatschow ist mit dem Friedensnobelpreis ausgezeichnet worden.) Die Industriestaaten versündigen sich tagtäglich an den Armen der Dritten Welt. Ich könnte fortfahren mit einer ganz langen Litanei. Jeder hat seine Interessen und sucht sie mit allen Mitteln durchzusetzen. Das macht mich sehr pessimistisch. Es gibt nur eine einzige Hoffnung: das Brot, das wir miteinander teilen.

Wenn überall Gruppen entstehen, die sich als „co-pains“ verstehen, hier in unserem Land und in ganz Europa und drüben in den USA und auch in der Sowjetunion, in Lateinamerika und in Afrika und Asien, oder anders gesagt: wenn Kirche sich wieder als Tischgemeinschaft versteht und wenn wir das erfahren und wenn die Messe wieder Brotbrechen ist, dann haben wir das Reich Gottes mitten unter uns. Und dann wissen wir: Die Zukunft der Menschen ist eine festliche Tischgemeinschaft. Und die Zukunft hat schon begonnen.

Quellen, Literatur und Abkürzungen

1. Interpretierte Texte

Aegidius: A. Rotzetter – E. Hug, Aegidius von Assisi, Die Weisheit des Einfachen, Zürich 1980
An alle Politiker: BrLenk (A. Rotzetter, Franziskus feiert Weihnachten. Materialheft, Eschbach 1989, 46: eigene Übersetzung)
Bettelordenstatut: Rnb 9 (eigene Übersetzung)
Bonaventura von Bagnoreggio, Itinerarium mentis in Deum. Pilgerbuch der Seele zu Gott, München 1961
Brief an einen Diener: BrMin (eigene Übersetzung)
Bruderschaftsstatut: NbReg (eigene Übersetzung)
Dreigefährtenlegende: s. 3 Gef
Ermahnung 27 (eigene Übersetzung)
Fioretti: Die Blümlein des heiligen Franziskus von Assisi. Aus dem Italienischen von R. Binding, Frankfurt 1971
– M. d'Alarti (Hrsg.), I Fioretti di San Francesco, Roma 1979
Friedensgebet: (eigene Übersetzung)
Klara von Assisi: Thomas von Celano, Leben und Schriften der heiligen Klara, Werl 1980 (Franziskanische Quellenschriften 2)
– Claire d'Assise, Ecrits Paris 1985 (Soucreces Chrétiennes 325) (eigene Übersetzung)
Salimbene: O. Holder-Egger, Cronica Fr. Salimbene de Adam, Hannover 1903–1913 (Monumenta Germaniae Historica 32), 678–684
Sonnengesang: E. Hug – A. Rotzetter, Franz von Assisi. Arm unter Armen, München 1987, 116
Testament: Test (eigene Übersetzung)
Textsammlung von Perugia: s. CompPer (eigene Übersetzung)
VollFreud: A. Rotzetter – E. Hug, Franz von Assisi, Die Demut Gottes, Zürich [4]1984, 170

2. Franz von Assisi

T. Desbonnets – J. F. Godet – T. Matura – D. Vorreux, François d'Assise, Ecrits, Paris 1981 (Sources Chrétiennes 285)
K. Esser, Studien zu den Opuscula des hl. Franziskus von Assisi, Rom 1973

ders. (Hrsg.), Die Opuscula des hl. Franziskus von Assisi. Neue textkritische Edition, Grottaferrata 1976

ders., Opuscula Sancti Patris Francisci Assisiensis denuo edidit iuxta codices mss. Cajetanus Esser, Grottaferrata 1978

L. Hardick – E. Grau (Hrsg.), Die Schriften des heiligen Franziskus von Assisi. Sechste, völlig neu bearbeitete Auflage, Werl/W. 1980 (Franziskanische Quellenschriften 1)

dies., Die Schriften des heiligen Franziskus von Assisi, Taschenbuchausgabe, Werl/W. 1981

J. R. Herrera – A. O. Carmona, Los escritos de San Francisco de Asis, Murcia 1985

Auff	Aufforderung zum Lobe Gottes
BReg	Bullierte Regel
BrAnt	Brief an den heiligen Antonius
BrGl I	Brief an die Gläubigen I
BrGl II	Brief an die Gläubigen II
BrKl	Brief an die Kleriker
BrKust I	Brief an die Kustoden I
BrKust II	Brief an die Kustoden II
BrLenk	Brief an die Lenker der Völker
BrLeo	Brief an Bruder Leo
BrMin	Brief an einen Minister
BrOrd	Brief an den gesamten Orden
ErklVat	Erklärung zum Vaterunser
Erm	Ermahnungen
Fragm	Fragmente zur nichtbullierten Regel
GebKr	Gebet vor dem Kreuzbild von San Damiano
GrMar	Gruß an die selige Jungfrau Maria
GrTug	Gruß an die Tugenden
LebKlara	Lebensform für die heilige Klara
LobGott	Lobpreis Gottes (für Bruder Leo)
NbReg	Nichtbullierte Regel
Off	Offizium vom Leiden des Herrn
PreisHor	Preisgebet zu allen Horen
RegEins	Regel für Einsiedelein
SegLeo	Segen für Bruder Leo
Sonn	Sonnengesang
Test	Testament
VermKlara	Vermächtnis für die heilige Klara

Von den Diktaten:

BrJak	Brief an Herrin Jakoba
MahnKlara	Mahnung für die Schwester Klara

SegBern	Segen für Bruder Bernhard
TestSien	Testament von Siena
VollFreud	Die wahre und vollkommene Freude

3. Erzählende Quellen zur Biographie des Heiligen

1 Cel	Thomas von Celano, Vita prima S. Francisci, in: Analecta Francescana X, 1–115
2 Cel	ders., Vita secunda S. Francisci, in: Analecta Francescana X, 127–260
3 Cel	ders., Tractatus de miraculis, in Analecta Fracescana X, 269–320 Thomas von Celano, Leben und Wunder des heiligen Franziskus von Assisi. Einführung, Übersetzung, Anmerkungen durch E. Grau, Werl/W. 1964 (Franziskanische Quellenschriften 3)
CompPer	M. Bigaroni (Hrsg.), „Compilatio Assisiensis“ dagli Scritti di fr. Leone e Compagni su S. Francesco d'Assisi, Porziuncola 1975 (= Textsammlung von Perugia. Deutsch zum Teil in: Hug – Rotzetter [s. Literaturverzeichnis])
3 Gef	Th. Desbonnets (Hrsg.), Legenda trium sociorum. Edition critique, in: Archivum Franciscanum historicum 67 (1974) 89–144 Die Dreigefährtenlegende des hl. Franziskus. Einführung von S. Clasen. Übersetzung von E. Grau, Werl/W. 1972 (Franziskanische Quellenschriften 8)
Fioretti	Die Blümlein des heiligen Franziskus von Assisi [R. G. Binding], Inseltaschenbuch 48
LegMai	Bonaventura, Legenda maior S. Francisci, in: Analecta Francescana X, 557–652
LegMin	ders., Legenda minor S. Francisci, in: Analecta Francescana X, 655–678 Franziskus, Engel des sechsten Siegels. Sein Leben nach den Schriften des heiligen Bonaventura. Einführung, Übersetzung, Anmerkungen durch S. Clasen, Werl/W. 1962 (Franziskanische Quellenschriften 7)
SpecMai	P. Sabatier (Hrsg.), Speculum perfectionis seu S. Francisci Assisiensis Legenda antiquissima auctore fratre Leone, Paris 1898 (Collection de documents pour l'histoire religieuse et littéraire du Moyen Age 1)

Der Bericht über das Leben des heiligen Franz von Assisi, oder: Der Spiegel der Vollkommenheit, München 1981. Mit einem Nachwort von R. Guardini.

SpecMin — M. Bigaroni (Hrsg.), Speculum perfectionis (minus). Introduzione di Raoul Manselli, Porziuncola 1983

4. Andere Quellen

Jord — Jordan von Giano, Chronica, in: Analecta Francescana 1, 1–19
Nach Deutschland und England. Die Chroniken der Minderbrüder Jordan von Giano und Thomas von Eccleston. Herausgegeben von L. Hardick, Werl/W. 1957 (Franziskanische Quellenschriften 6)

S.Com — Sacrum Commercium S. Franicisci cum domina paupertate, Quaracchi 1929
Der Bund des heiligen Franziskus mit der Herrin Armut. Einführung, Übersetzung, Anmerkungen von K. Esser und E. Grau, Werl/W. 1966 (Franziskanische Quellenschriften 9)

Vitry — R. B. C. Huygens, Lettres de Jacques de Vitry, Leiden 1976

5. Erwähnte Literatur

E. Auerbach, Mimesis. Dargestellte Wirklichkeit in der abendländischen Literatur, Bern 1946.

Bartholomäus von Risa, Liber de Conformitate, in: Analecta Francescana IV–V, 1906 u. 1912.

G. Basseti-Sani, San Francesco e il mondo musulmano, in: Frate Francesco. Rivista di cultura francescana 1982, 241–249.

F. de Beer, François, que disait-on de toi?, Paris 1977.

G. Blumier – A. Sauvage, Donne di vita – Vita di donne, Milano 1980.

L. Boff, Kleine Sakramentenlehre, Düsseldorf [7]1976.

–, Zärtlichkeit und Kraft. Franz von Assisi, mit den Augen der Armen gesehen, Düsseldorf 1983.

W. Bühlmann, Das franziskanische Missionsverständnis im Laufe der Jahrhunderte, in: A. Camps – G. Hunold, Erschaffe mir ein Volk. Franziskanische Kirchlichkeit und missionarische Kirche, Mettingen 1982, 13–29.

A. Camps, Das franziskanische Missionsverständnis im Laufe der Jahrhunderte, in: ebd. 30–43.

–, Franziskanischer Dialog in anderen Religionen, in: L. Boff – W. Bühlmann, Baue meine Kirche auf. Franziskanische Inspiration aus der Dritten Welt, Düsseldorf 1983.
E. Cardenal, Das Evangelium der Bauern von Solentiname. Gespräche über das Leben Jesu in Lateinamerika, 2 Bde., Wuppertal 1976 u. 1978.
J. Dalarun, Erotik und Enthaltsamkeit, Frankfurt 1987.
Th. Desbonnets, De l'intuition à l'institiution. Les Franciscains, Paris 1983.
E. Doyle, Von der Brüderlichkeit der Schöpfung: Der Sonnengesang des Franziskus, Zürich 1987.
W. Egger, Nachfolge als Weg zum Leben. Chancen neuerer exegetischer Methoden dargelegt an Mk 10,17–31, Klosterneuburg 1979.
–, Verbum in corde – cor ad Deum. Analyse und Interpretation von RegNb XXII, in: Laurentianum 1982, 286–311.
D. Flood, Die Regula non bullata des heiligen Franz, Werl 1967.
–, Armut V. Alte Kirche, in: Theologische Realenzyklopädie, Berlin/New York 1979, 85–87.
–, Armut VI. Mittelalter, in: ebd. 88–89
–, Armut und Erneuerung im Franziskanerorden. Zur Geschichte des Gentile von Spoleto, in: Poverty in the Middle Ages, Werl 1975 (Franziskanische Forschungen), 79–83.
–, Frère François et le mouvement franciscain, Paris 1983.
G. Folena, Der Sonnengesang des Francesco d'Assisi, in: Geschichte der Textüberlieferung der antiken und mittelalterlichen Literatur. Bd. II: Überlieferungsgeschichte der mittelalterlichen Literatur, Zürich 1964, 335–349.
E. Fromm, Haben oder Sein. Die seelischen Grundlagen einer neuen Gesellschaft, Stuttgart 1976.
A. Holl, Der letzte Christ, Stuttgart 1979.
E. Hug – A. Rotzetter, Franz von Assisi: Gotteserfahrung und Weg in die Welt, Olten ^{2}1984 (= Franz von Assisi: Arm mit den Armen, München 1987).
J. Kaup (Hrsg.), Bonaventura, Pilgerbuch der Seele zu Gott. Die Zurückführung der Künste auf die Theologie, München 1961.
E. Koppel – M. Schaake, Ist der Mann oder die Frau die Ware? Die „moderne" Prostitution in Italien, in: Tagesanzeiger-Magazin 11. 4. 81, 18–21.
D. Koster, Nichts geht mehr – Stationen einer Frau aus dem Milieu, Zürich 1980.
A. Künzli, Mein und Dein. Zur Ideengeschichte der Eigentumsfeindschaft, Köln 1986.
E. Leclerc, Le Cantique des créatures ou les symoles de l'union. Une Analyse de Saint François d'Assise, Paris 1970.

M. Légaut, Christ aus Leidenschaft. Ein Gespräch mit B. Feillet, Freiburg 1978, 61f.
L. Lehmann, Tiefe und Weite. Der universale Grundzug in den Gebeten des Franziskus von Assisi, Werl 1974.
–, Gratias agimus tibi. Structure and Content of Chapter XXIII of the Regula non bullata, in: Laurentianum 1982, 312–375.
S. Leimgruber, Das Sprechen vom Geist. Religiöse Sprache und Erfahrung am Beispiel der Firmung, Zürich 1978.
H. Lübbe, Politischer Moralismus. Der Triumph der Gesinnung über die Urteilskraft, Berlin 1987.
R. Manselli, Franziskus, der solidarische Bruder, Freiburg [2]1989.
V. Mathieu (Hrsg.), Nova Spes. Ein Programm für die Zukunft des Menschen, Graz 1986.
Michèle, Magdalena sucht Jesus auf Pigalle – Ein Brief, in: Orientierung 55 (1980) 245–247.
H. Mislin – S. Latour, Franziskus. Der ökumenisch-ökologische Revolutionär, Bodman/Bodensee 1982.
M. Mollat, Etudes sur l'histoire de la pauvreté (Moyen Age – VVIe), Paris 1984.
A. Molnar, Die Waldenser. Geschichte und europäisches Ausmaß einer Ketzerbewegung, Göttingen 1980.
P. Nober, Abecedarium, in: Lexikon für Theologie und Kirche, Band I, Freiburg i. Br. [2]1957, 12.
A. Rotzetter, Kreuzzugskritik und Ablehnung der Feudalordnung in der Gefolgschaft des Franziskus von Assisi, in: Wissenschaft und Weisheit 35 (1972) 121–137.
–, Die Funktion der franziskanischen Bewegung in der Kirche. Eine pastoraltheologische Interpretation der grundlegenden franziskanischen Texte (Dissertation), Schwyz 1976.
– (– E. Hug), Franz von Assisi, Die Demut Gottes. Meditationen, Lieder, Gebete, Zürich [4]1987.
–, Zwischen Afrika und Europa: Franziskus von Assisi. Gemeinsamkeiten, Alternativen, Chancen, in: Wissenschaft und Weisheit 39 (1976) 42–60.
–, Franz von Assisi zwischen Basis und Hierarchie der Kirche, in: Katholische Akademie Augsburg (Akademie-Protokolle), Franz von Assisi – ein Heiliger für unsere Zeit?, Augsburg 1976, 28–57 (= Werkgroep K 750, Franciscus en de Kerk. Bijdragen over historie en aktualiteit, Utrecht 1981, 75–104).
–, Gottzugewandtheit als Zuwendung zur Welt, in: ebd. 58–87.
–, Franziskus von Assisi, Realisator und Künder des Evangeliums in unserer Zeit, in: Geist und Leben 51 (1978) 338–347.
–, Theologie und Spiritualität, in: Geist wird Leib. Theologische und anthropologische Voraussetzungen des geistlichen Lebens (Seminar Spiritualität 1), Zürich 1979.

– (– E. Hug), Aegidius von Assisi. Die Weisheit des Einfachen, Zürich 1980.
– (– W. C. Van Dijk – T. Matura), Franz von Assisi. Ein Anfang und was davon bleibt, Zürich [3]1988.
–, Aus Liebe zur Liebe. Zu einem Wort des heiligen Franz von Assisi, in: Wissenschaft und Weisheit 44 (1981) 154–167.
–, Die Gegenwart Gottes in der Welt und die Herrschaft der Kleriker. Ein ideologiekritischer Beitrag zum kirchlichen Amtsverständnis aus franziskanischer Sicht, in: Franziskanische Studien 63 (1981) 188–202.
–, Mystik und buchstäbliche Befolgung des Evangeliums bei Franz von Assisi, in: Concilium 17 (1981) 734–740.
–, Die Entscheidung des hl. Franz für die Armen, in: Franziskanische Studien 64 (1982) 28–53.
–, Gott in der Verkündigung des heiligen Franz von Assisi, in: E. Covi, L'esperienza di Dio in Francesco d'Assisi, Roma 1982 (= Laurentianum 23 [1982]), 40–76.
–, Franz von Assisi und die Kirche der Armen, in: Geist und Leben 56 (1983) 253–261.
–, Impulse für eine Friedensstrategie bei Franz von Assisi. Theologische Einordnung und Aktualisierung, Bonn 1983.
–, Zur Kirchlichkeit des Franz von Assisi, in: Franziskanische Studien 65 (1983) 70–81.
–, Die Zeichen der Zeit in franziskanischer Interpretation, in: L. Boff –W. Bühlmann, Baue meine Kirche auf. Franziskanische Inspirationen aus der Dritten Welt, Düsseldorf 1983, 25–39.
–, Das Kreuz als Lebensform, in: 700 Jahre Apostelkirche Münster (hrsg. vom Presbyterium der Apostel-Kirchengemeinde), Münster 1984, 249–258.
–, Die missionarische Dimension des franziskanischen Charismas, in: Franziskanische Studien 66 (1984) 82–90.
–, Wunderbar hat euch Gott geschaffen. Wie Franziskus den Tieren predigt, Freiburg 1988.
–, Leidenschaft für Gottes Welt. Aspekte einer zeitgemäßen Spiritualität, Zürich 1988.
–, Franz von Assisi. Erinnerung und Leidenschaft, Freiburg 1989.
H. Sachs u. a., Christliche Ikonographie in Stichworten, München 1975, 83f bzw. 213f.
O. Schmucki, Laudatio si, mi Signore per quelli che . . . sostengo infirmitate. L'interpretazione francescana della malattia, in: Fidelis. Zeitschrift der Schweizer Kapuziner 68 (1981) 8–16.
–, zu: H. Mislin – S. Latour, in: CollFranc 53 (1983) 314f.
L. Thier, Albert von Pisa, in: ders. – N. Hartmann, Geschichte in Gestalten. Lebensbilder aus der Kölnischen Franziskanerprovinz von den Hl. Drei Königen, Mönchengladbach 1976, 16–39.

Unsere Hoffnung. Ein Bekenntnis zum Glauben in dieser Zeit, in: Gemeinsame Synode der Bistümer in der Bundesrepublik Deutschland. Offizielle Gesamtausgabe I, Freiburg 1977.
W. A. Visser't Hooft, Dionysos ou Saint François d'Assise, in: Foit et Vie 73 (1974) 176–188.
L. White, Die historischen Ursachen unserer ökologischen Krise, in: Gefährdete Zukunft – Prognosen anglo-amerikanischer Wissenschaftler, München 1970.
R. Zerfaß, Der Streit um die Laienpredigt. Eine pastoralgeschichtliche Untersuchung zum Verständnis des Predigeramtes und seiner Entwicklung im 12. und 13. Jahrhundert, Freiburg 1874.

Hinweis

Die in diesem Buch gesammelten Textinterpretationen sind zuerst erschienen in:

Die Faszination der Gnade: Unterwegs mit Franziskus 1988 (hrsg. von den Franziskanischen Gemeinschaften Deutschlands, Österreichs und der Schweiz).
Die verbindende Kraft des Schweigens: ebd.
Die Logik der Liebe: ebd. 1989.
Der Einzelne und die Gemeinschaft: unveröffentlichter Vortrag für die Werkwoche der deutschsprachigen Kapuziner in Reute (Oktober 1989).
Herr, mach mich zu einem Werkzeug deines Friedens: Unterwegs mit Franziskus 1990.
Friede im Konflikt: Unterwegs mit Franziskus 1989.
Friede und Zufriedenheit: ebd.
Friede und Besitzlosigkeit: ebd.
Franziskus und das Privateigentum: Franciscaans maanblad 1987.

Franziskus und die Immunschwäche Aids: ebd.; dazu noch in publik-forum 1987, ferment 1987 und Deutscher Caritaskalender 1990.

Was ist wahre Freude?: Unterwegs mit Franziskus 1988.

Über gesellschaftliche Institutionen hinaus!: Artikel für ein spanisches Buch zum Diktat über die vollkommene Freude.

Der Sonnengesang als missionarisches Lied: Camps – Hunold, 44–61.

Am Rande des Abgrundes: Vortrag im Rahmen des konziliaren Prozesses für Gerechtigkeit, Frieden und Bewahrung der Schöpfung in Basel (Pfingstwoche 1989).

Nicht alles auf einmal und vor allem mit Güte: Unterwegs mit Franziskus 1989.

Franz von Assisi und christliche Politik: Tau. Christliche Wege mit Franziskus (1987).

Unrecht und Versöhnung: Diskussionspapier für die Aktionsgemeinschaft der Christen für die Abschaffung der Folter (ACAT).

Brichst du mit mir das Brot?: Vortrag vor jugendlichen Teilnehmern am Franziskusfest in Siessen (1983).